Thomas Prünte

Vom Sinn schlechter Laune

Thomas Prünte

Vom Sinn schlechter Laune

Warum es gut tut, sich schlecht zu fühlen

orell füssli Verlag AG

© 2010 Orell Füssli Verlag AG, Zürich
www.ofv.ch
Alle Rechte vorbehalten

Lektorat: Marion Elmer, Zürich
Umschlaggestaltung: Andreas Zollinger, Zürich
Druck: fgb • freiburger graphische betriebe, Freiburg

ISBN 978-3-280-05401-7

Bibliografische Information der Deutschen Nationalbibliothek:
Die Deutsche Nationalbibliothek verzeichnet diese Publikation in der Deutschen Nationalbibliografie; detaillierte bibliografische Daten sind im Internet über *http://dnb.d-nb.de* abrufbar.

Inhaltsverzeichnis

Auftakt

«Ich will, dass es mir schlecht geht!» Mit diesem Wunsch überraschte mich eine Patientin zu Beginn eines Gesprächs. Mein Therapeutenhirn war alarmiert: Ist das jemand mit autoaggressiven oder gar masochistischen Neigungen? Meine Aufgabe besteht schließlich darin, dafür zu sorgen, dass es den Betreffenden besser geht! Können Sie sich vorstellen, dass ich verwirrt war? Andererseits kann einem Therapeuten nichts Besseres passieren als ein Einstieg, der ihn aus der Bahn wirft und seine Neugier weckt. So betrachtet war dies ein Auftakt nach Maß. Ich war daran interessiert, diese seltsame Aussage zu begreifen. Doch zuvor versicherte ich mich, ob ich richtig gehört hatte: «Sie wollen, dass es Ihnen schlecht geht? Das müssen Sie mir erklären!» Die Patientin, eine dreißigjährige Angestellte – ich nenne sie Katrin Bela –, hatte diesen Satz in den Raum gestellt, ohne ihm weitere Aufmerksamkeit zu schenken. Erst durch meine Nachfrage fiel ihr auf, dass er «wirklich merkwürdig klingt». Derart ins gedankliche Stolpern geraten war Katrin Bela sehr bemüht, wieder auf die Beine zu kommen und den Stolperstein näher zu betrachten.

Ich bin auch anders

«Ich bin es leid, immer gut drauf sein zu müssen. Mein Leben lang sollte ich etwas Besonderes darstellen. Hatte ich ein Stück auf dem Klavier geübt, sollte ich es gleich mit fröhlicher Miene den Gästen meiner Eltern vorspielen. Ich war ihr Vorzeigeobjekt. Meine Schulnoten waren nie gut genug. Es musste schon eine

Eins sein, sonst waren sie enttäuscht. Egal, wie es mir ging, stets sollte ich lächeln und die anderen mit meinem sonnigen Gemüt unterhalten. Das kotzt mich heute an. Im Beruf ist es genauso. ‹Keep smiling›, lautet da die Devise. Ich habe die Nase voll davon, für andere mein Sonntagsgesicht aufzusetzen und ihnen gute Laune vorzutäuschen. Ich bin auch anders!»

In dieser Erkenntnis spürt Katrin Bela ihre Sehnsucht nach sich selbst. Sie möchte einen wichtigen Teil ihrer Persönlichkeit nicht mehr verleugnen. Augenscheinlich vermisst sie etwas Wesentliches. Der Druck der Familie und des Arbeitgebers, stets nur ihre Sonnenseite zu präsentieren, hat zu einer inneren Entfremdung geführt. Die Fassade der guten Laune ist erstarrt. Sie läuft mit einer Maske durchs Leben, die ihr die Luft zum Atmen raubt. Die Tränen, die Sehnsucht, die Einsamkeit und Leere dahinter will und wollte niemand haben. Das ist eine schreckliche Erfahrung, denn sie macht es schwer, sich selbst kennenzulernen. Gezeigt wird nur, was erwünscht ist. Leistung wird auf Wunsch abgerufen, die eigenen Bedürfnisse werden aus dem Bewusstsein verbannt. Der Anpassungsdruck ist enorm. Gerade bei Menschen, von denen wir abhängig sind. Und als Kind ist man das in besonderer Weise. Doch auch der Erwachsene leidet, wenn er wichtige Seiten seiner Persönlichkeit verbergen muss.

Der Unsinn einseitiger Anpassung

Dieses «Schlechtgehen» ist eine interessante und zugleich komplexe Partitur. Sie bedarf des genauen Studiums und der Differenzierung, denn es wird erwartet, dass Menschen sich an ihre privaten und beruflichen Rollen und die damit verbundenen Erwartungen anpassen. Bis zu einem gewissen Punkt ist dieser Prozess gesund. Allerdings wird oft vergessen, dass auch der umgekehrte Vorgang von Bedeutung ist: Man muss die Rollen auch an sich selbst anpassen, sprich: sie mit sich selbst in Einklang bringen. Wer das vergisst, häuft mit der Zeit eine Vielzahl innerer Konflikte an, die zu Missstimmungen und Unstimmigkeit führen. Diese Deformierung der Persönlichkeit schadet der Lebensfreude und Leistungskraft.

In der heutigen Gesellschaft, die dem Dogma des positiven Denkens huldigt, ist es allerdings gar nicht mehr so leicht, in einem Unbehagen oder einer schlechten Stimmung ernst genommen zu werden. Vermeintlich «ungute» Gefühle stören das Wohlbefinden und gefährden den reibungslosen Ablauf. Doch gerade die in Verruf geratenen «schlechten» Gefühle weisen auf die Gefahr hin, sich selbst zu entfremden. In diesem Buch erhalten Sie immer wieder die Erlaubnis, es sich schlecht gehen zu lassen. Auf die Risiken und Nebenwirkungen weise ich rechtzeitig hin. Sie sind bei weitem geringer, als Sie vielleicht befürchten!

Ich möchte Sie ermutigen, sich Ihrem Unbehagen freundlich anzunähern. Denn gerade die unbequemen, manchmal störenden und irritierenden Gefühle brauchen Aufmerksamkeit. Ist man geübter darin, ihnen mit Gelassenheit und Interesse zu begegnen, zeigen sie ihre freundliche Seite. Dann offenbaren sie die verdrängten Bedürfnisse, die im Sog des Anpassungsdrucks übergangen wurden. Nur wer sein Schlechtgehen ernst nimmt, lernt etwas über seine wahren Bedürfnisse und Wünsche. Erst die Anerkennung der unguten Gefühle ermöglicht eine neue Stimmigkeit und kann zum Erhalt seelischer Gesundheit beitragen. Die zentrale These des Buches lautet: Der Zwang zur guten Laune produziert Leiden und verhindert wirkliches Wohlbefinden.

I. Das Unbehagen mit dem Wohlbefinden
Mach dich doch locker, wo ist das Problem?

«Ich bin auch anders!» In diesen wenigen Worten von Katrin Bela, die Sie zu Beginn des Buches kennengelernt haben, drückt sich nicht nur ein persönliches Dilemma, sondern zugleich ein tieferliegendes Problem des aktuellen Zeitgeistes aus. Darf man überhaupt noch anders sein? Kann man sich überhaupt noch guten Gewissens schlecht fühlen? Sebastian Wenke, ein Abiturient, der im Alter von 18 Jahren nach einem schweren Unfall mehrere Monate im Krankenhaus lag, berichtet von seinen Erfahrungen:

> *«Selbst gute Freunde redeten mir ein, ich solle mein Schicksal als Chance sehen und positiv denken. Sie schleppten Ratgeber aus der Buchhandlung an, wollten mir Mut machen. Mittlerweile kann ich diese abgedroschenen Phrasen der Motivations-Gurus und Positiv-Denker nicht mehr hören. Ich wünsche mir einfach nur Mitgefühl. Dass mich jemand fragt, wie es mir geht und was er für mich tun kann. Oder einfach sagt, dass er traurig oder hilflos ist und sich wünscht, dass es mir bald wieder besser geht.»*

Bloß nicht zur Last fallen

Möglicherweise denken Sie, dass sich im Verhalten seiner Freunde deren Unbeholfenheit verbirgt. Vermutlich haben Sie recht. Doch wie würden Sie sich in Sebastians Lage fühlen? Ich kann mir vorstellen, dass Sie wahrscheinlich ambivalente Gefühle hätten. Einerseits geht es Ihnen wirklich schlecht. Sie haben Angst, spüren Schmerzen, erleben dunkle Stunden der Ohnmacht und des Zorns. Damit möchten Sie nicht allein sein, denn das würde die Gefühle verstärken und die Einsamkeit größer machen. Andererseits möchten Sie den Freunden nicht zur Last fallen, nicht unhöflich erscheinen oder als schlechter, miesepetriger Patient dastehen. Selbst bis ins Krankenbett hinein spüren Sie den Erwartungsdruck der Helfer, der Familie und der Gesellschaft. Sie sollen Ihre Krankheit mit Würde tragen, nicht jammern oder klagen, nach vorne schauen, das Beste draus machen und vor allem – positiv denken! Denn wer das nicht tut, ist out!

Der Zwang zur guten Laune produziert Leiden

Für Wehklagen, Trauer und Schwäche erntet man im sozialen Umfeld nicht unbedingt Verständnis. Mitunter sind sogar Freunde überfordert oder unwillig. Wirft man einen Blick in die Medienwelt, so hat es den Anschein, als müsse man jeden noch so tragischen Vorfall mit Humor nehmen oder mit einem Lächeln auf den Lippen zeigen, dass man damit schon zurechtkommt. Wer eine Schwäche offen bekennt, muss zugleich beweisen, dass er durch nichts zu beschämen ist. Unzulänglichkeiten sind ein gefundenes Fressen für Comedians und Spaßvögel, die derzeit die Sendeanstalten und Säle der Republik bevölkern. Ich halte das für ein Symptom. Ein starker Anpassungsdruck hat sich breitgemacht. Es gilt das hohe Ideal der guten Laune. Wer dümmlichste Witze nicht mit Humor nehmen kann, wird als Spaßbremse disqualifiziert. Wer andeutet, dass es ihm nicht gut geht, muss damit rechnen, dass ihm umgehend der Aufkleber «depressiv» an die Backe geklebt wird. Kommt Ihnen das bekannt vor?

Sind wir verblödet?

Wir erleben eine Verarmung im Umgang mit der Gefühlswelt. Besetzt wird nur die Oberfläche. Gutes Aussehen ist der Standard, Lächeln das oberste Gebot. Die Wirkung ist wichtig, das äußere Erscheinungsbild. Humorvoll, locker, flockig und freundlich sollen wir erscheinen. Die amerikanische Journalistin Barbara Ehrenreich behauptet sogar, dass ihre Landsleute unter dem Diktat des positiven Denkens «verblödet sind». Sie erkrankte an Krebs und hatte verständlicherweise Angst vor den Folgen. Um sich zu orientieren, suchte sie nach Informationen. Aufgrund ihres Berufes war sie es gewohnt, im Internet zu recherchieren. Sie fand zahlreiche Blogs und stellte im Kreis von Betroffenen Fragen zur Operation, den Begleitsymptomen und ihren Schmerzen. Zu ihrer Überraschung erhielt sie eine Fülle von Ratschlägen – allerdings andere, als sie erwartet hatte! Sie wurde aufgefordert, umgehend eine Psychotherapie zu beginnen. Mit einer so negativen Ausstrahlung habe sie sonst keine Chance, gesund zu werden. Sie müsse positiv sein und schleunigst an ihrer inneren Einstellung arbeiten. Zu guter Letzt hieß es, sie müsse den Krebs als eine wunderbare Möglichkeit betrachten, sich persönlich und spirituell weiterzuentwickeln. Doch sie konnte ihrer Erkrankung beim besten Willen nichts Positives abgewinnen. Vielmehr war sie zornig, verängstigt und unbeholfen. Sie machte die Erfahrung, dass niemand dieses Erleben mit ihr teilen konnte. Ihr kam es so vor, als hätte man sich diese Empfindungen im Land der unbegrenzten Möglichkeiten systematisch abgewöhnt.

Lang lebe Charlie Brown!

Ich finde es bezeichnend, dass die amerikanische Kultur, die das «Keep smiling» bis zur Schmerzgrenze pflegt, auch einen Helden mit heruntergezogenen Mundwinkeln hat. In den weltberühmten Cartoons von Charles M. Schultz ist Charlie Brown der wahre Held der Peanuts. Er darf schwach sein und ganz offiziell Trübsal blasen. In der Parallelwelt der Comics dürfen sie leben, die sympathischen Zweifler und Versager. Sie verkörpern das Ungemach, die verborgenen Triebe und die schlechte Laune – und werden dafür geliebt! Ob Donald Duck oder die Daltons, sie alle bereichern unser Leben mit ihrer Unzulänglichkeit. Haben Sie auch einen Lieblings-Antihelden?

Angeblich hat Deutschland in Bezug auf freundliches Auftreten Nachholbedarf. Wir gelten als Muffel und problembehaftete Tiefdenker. Doch das finde ich nur zum Teil richtig. Im Grunde ist es ein Kompliment, tiefe Empfindungen haben zu können, denn wir sind Menschen und keine Maschinen! Gefühle sind ein wesentlicher Teil unserer Lebendigkeit und haben durchaus Tiefe. Wer nicht mehr fühlt, ist tot. Zumindest seelisch. Gefühle sind in gewisser Weise Naturereignisse. Sie entstehen im Wechselspiel mit den Widrigkeiten und Glücksfällen des Lebens und sind wichtige Signalgeber für das, was in der Begegnung von Menschen wirklich geschieht. Betrachtet man Gefühle wie eigenständige Bewohner unseres seelischen Wohnraumes, könnte man sagen, dass sie sich nicht darum kümmern, ob sie erwünscht sind. Sie möchten Gehör finden. Daher zieht sich die Frage «Was sagt dir dein Gefühl?» wie ein roter Faden durch dieses Buch. Gerade im Umgang mit sogenannten «negativen» Gefühlen ist sie außerordentlich hilfreich.

Allerdings gibt es kaum noch Raum zum Innehalten. Eine schlechte Stimmung «auszufühlen», ist tabu. Die Fähigkeit, es sich «richtig» schlecht gehen zu lassen, scheint vom Aussterben bedroht; ebenso sich in erhöhter Reizbarkeit, unerklärlichen Stimmungsschwankungen bis hin zu psychosomatischen Erkrankungen einen Notausgang zu suchen. Wie wichtig dies ist, werde ich im Laufe des Buches immer wieder betonen. Ein Bonmot lautet:

Ein Freund ist jemand, der dich fragt, wie es dir geht – und auch noch die Antwort abwarten kann. In unserer beschleunigten Welt ist das geradezu ein gehobener Anspruch. Sollte der Freund zudem nicht auch in der Lage sein, auf die Antwort einzugehen, unabhängig davon, ob sie ihm gefällt?

Sich «hängen zu lassen» ist im Wellnessclub oder den Wohlfühloasen der Reiseanbieter möglich. Wellness bestimmt den Zeitgeist, aber warum will keiner Badness? Sylvia, eine junge Frau, Anfang zwanzig, macht in ihrer Clique die Erfahrung, dass die Gespräche zunehmend verflachen. Sie erkennt:

«Alle wollen die Sonne, keiner den Mond! Wir chillen und folgen den Trends, wollen Spaß, albern viel rum. Das ist auch okay,

aber mir fehlt was. Ich fordere das ‹Grundrecht› ein, mich schlecht fühlen zu dürfen!»

Sylvia plädiert dafür, dass ihre Schattenseiten anerkannt werden. Mir kommt es so vor, als würde sie im Plenarsaal des Bundestages sitzen und in den Debatten gegenüber der «Spaß-Fraktion» für ihre «Gefühlsrechte» werben. Wie in der Politik benötigen Sylvias Gefühle jemanden, der ihre Interessen vertritt und die Lobbyarbeit übernimmt. So etwas wie einen Innenminister, der die Belange ihrer Innenwelt kennt und vertritt, der Gefühle und persönliche Bedürfnisse ernst nimmt und den Gefühlshaushalt kompetent regelt. Das ist besonders in Krisenzeiten wichtig.

Eine Krise ist keine Chance

Sie sind vielleicht überrascht, dass ich die einem Buchtitel entliehene Redewendung «Schicksal als Chance» in Frage stelle. Diese zur Floskel gewordene Behauptung suggeriert, dass man jedem Schicksalsschlag etwas Positives abgewinnen kann. Kritisch betrachte ich den Trend, dass dieser Anspruch zur Norm erhoben wird. Was geschieht, wenn jemand diese Norm nicht erfüllen kann? Was, wenn ein Schicksalsschlag, ein Verlust oder eine Erkrankung Sie so tief getroffen hat, dass Sie das Licht am Ende des Tunnels nicht mehr sehen können? Ist es überhaupt statthaft, keine Hoffnung mehr zu haben oder haben zu wollen? Die meisten Menschen möchten diese Befindlichkeiten vermutlich verbergen – möglicherweise auch vor sich selbst – und lieber so tun, als wäre alles in Ordnung. Denn das wird erwartet. Aufgeben gilt nicht! Wer zugibt, nicht mehr zu können oder zu wollen, wird schnell beschämt: So soll man nicht fühlen und denken. Dies verstärkt den inneren Druck, weil man dann gegen sich selbst kämpft, um unerwünschte Empfindungen von sich und anderen fernzuhalten. Barbara Ehrenreich und Sebastian Wenke haben es am eigenen Leib erlebt. Verdrängung kostet Kraft. Bei einem kleinen Problem mag das noch funktionieren, bei einem größeren schon nicht mehr. Einen Tischtennisball können Sie relativ mühelos

unter Wasser drücken, aber versuchen Sie dasselbe mit einem aufge-
pumpten Hüpfball!

Gefühlswellen erlauben

Eine Krise ist zunächst eine Situation, die unangenehm ist, in der
man sich zurechtfinden muss und Unterstützung benötigt. Jemanden in einer solchen Situation mit dem ausgeleierten Spruch «Das ist
eine Chance» zu traktieren, grenzt an Körper- und Seelenverletzung.
Viele Menschen empfinden eine Krise zunächst als Katastrophe.
Dieses Empfinden braucht Raum, denn erst wenn es zugelassen und
angesehen werden kann, lässt es sich differenzieren. Die Gleichset-
zung von Krise und Katastrophe muss nicht sein, denn wenn die
Verzweiflung angenommen wird, können Wandlungsprozesse beginnen – ob zum Guten oder Schlechten zeigt sich oft erst im Nachhinein. Krisen gehören zum Leben wie die Luft zum Atmen. Stellen
Sie sich die Emotionen, die eine Krise mit sich bringt, wie eine Welle
vor, die sich aufgebaut hat und nun auslaufen möchte. Doch plötzlich meldet sich eine Stimme im Kopf und sagt: «Hör auf, dich deinem Leid hinzugeben!» Und schon staut sich alles. Die Trauer wird
unterdrückt, der Zorn, der Schmerz, die Sehnsucht. Wie bei einer
gestauten Welle steigt der innere Druck und wird größer und größer.
Der gefühlsmäßige Einbruch kommt später und unverhofft. Dann
ist man ratlos. Wie konnte das geschehen?

Ich will leiden – weil es mir gut tut!

So könnte die paradoxe Parole eines Menschen lauten, der sich vom
Lächelzwang befreit hat. Oder finden Sie das widersinnig? Ist es
nicht seltsam, dass in unserer Spaßgesellschaft Depression zur seelischen Volkskrankheit Nummer eins geworden ist? Eine Erkrankung,
die im Kern darauf beruht, dass der Depressive vorwiegend damit
beschäftigt ist, die Erwartungen anderer zu erfüllen und sich dabei
ständig übergeht. Zugleich behält er seinen Ärger darüber für sich.

Diese Außenorientierung produziert ein enormes Ausmaß an Leid. Eigene Belange werden so lange zurückgestellt, bis man sich selbst nicht mehr kennt. Auf Leistung gepolt fungiert man nur noch als Erfüllungsgehilfe der Wünsche anderer, leistet enorm viel und wundert sich darüber, wie erschöpft man ist. Müdigkeit und Erschöpfung sind nicht nur ein Leitsymptom der Depression, sondern auch eine Ursache für Depression. Wer erschöpft und müde ist, hat weniger Kraft zur Verfügung, um die Erwartungen zu erfüllen. Dies wiederum erlebt man als Scheitern an den eigenen Ansprüchen. Ein Teufelskreis. Gisela Meese, Mitarbeiterin einer Werbeagentur, gibt einen Einblick in ihren Seelenzustand:

«Zur Arbeit bin ich gegangen und habe dort meine Rolle mit ‹Grinsemaske› gespielt. Ich fühlte oberflächlich betrachtet in dieser Zeit nichts. Der Kopf arbeitete umso mehr. Ich bestand förmlich aus Selbstzweifeln. Es war, als würde ich langsam schrumpfen, wie ein Staubkorn am Boden, aber es kann nicht mal mehr fliegen. Aus dieser Perspektive betrachtet man nun die Welt, wie sie um einen herum weiter funktioniert. Aber ohne mich, ich bin nicht dabei. Ich bin der Zuschauer. Dann stelle ich fest: Ich kann nicht so funktionieren wie alle, die ich sehe. Wie geht das? Wie machen die das?»

Dieses Erleben ist charakteristisch für Menschen in depressiven Phasen. Der Bezug zur Welt und zu sich selbst geht verloren. Gleichzeitig ist der Betreffende bemüht, es doch zu schaffen.

«Ich wollte mit aller Gewalt wieder dazugehören, das Gleiche schaffen wie die anderen. Von innen heraus lachen, ein Mensch mit Profil und Wiedererkennungswert sein. Doch ich bin kläglich gescheitert. Es ging einfach nicht mehr, die Norm zu erfüllen.»

Dies zeigt, wie tragisch der Anspruch, jederzeit Leistung bringen und Optimismus ausstrahlen zu müssen, enden kann. Innere Leere und Selbstentfremdung sind ein hoher Preis. Es ist das Ideal des Positiv-Denkens, das krank macht. Dieser in der Tiefenpsychologie als «Idealisierung» bekannte psychische Schutzmechanismus hat eine wichtige Funktion: Das Kleine, Schwache, Bedürftige, Ängstliche, Hilflose und Unvollkommene soll in Schach gehalten und bezwungen werden. Eine Niederlage darf nur kurz betrauert werden, schon muss man sich wieder auf die eigenen Stärken besinnen. Der nächste Gegner wartet schon. Doch wer die Beziehung zu sich selbst verliert, kann nicht gewinnen. Der Liedermacher Konstantin Wecker hat schmerzhaft erlebt, wie brüchig das Leben mit einer künstlichen Fassade sein kann:

> *«Ich habe mich schon früh im Scheitern geübt. Als ich mich mit 18 in Versicherungsgeschäften versuchte, später als Wirt. Und dann die Drogen. Vieles sind Sachen, auf die ich nicht stolz bin. Aber die Niederlagen waren lehrreicher als die Erfolge. Durch sie erfahren wir, dass alles scheinbar Wichtige, dem wir hinterhergejagt sind, uns von uns selbst entfernt hat. Dass all die Fassaden, die wir mühsam errichtet haben, auf einmal zusammenbrechen können. Und nur das Wesentliche in uns stehenbleibt.»*

«Man muss die eigenen Schattenseiten erkennen und akzeptieren», sagt Konstantin Wecker. Eventuell haben Sie in Ihrem Leben ähnliche Erfahrungen gemacht. Oder Menschen kennengelernt, bei denen Sie gespürt haben, dass die nach außen zur Schau gestellte Frohnatur nicht wirklich von innen gefüllt war. Für viele Menschen ist es dann wie eine Erlösung, sich und den anderen nichts mehr vormachen zu müssen. Gisela Meese sagt:

«Ich habe mir eingestanden, dass ich Depressionen habe. Endlich habe ich herausgefunden, dass ich wirklich krank bin und ein Recht auf Schonung habe. Ich habe so darunter gelitten, dass mich keiner verstanden hat. Ein Freund war sogar neidisch auf mich und konnte das alles gar nicht verstehen. Er meinte: ‹Du hast doch alles, einen Job, eine Familie, Geld.› Ich war sprachlos und unter Druck. Jetzt musste ich einen nachvollziehbaren Grund vorweisen und Rechenschaft ablegen. Meine Selbstzweifel wurden größer: Stelle ich mich nur an, oder geht es wirklich nicht mehr? Dann habe ich kapituliert. Es war wie eine Befreiung zu sagen: Ja, es geht mir richtig schlecht, ohne dass ich dafür einen vorzeigbaren Grund hatte. Als ich das akzeptiert hatte, ging es schon leichter.»

Man sollte wenigstens im eigenen Leben die Hauptrolle spielen

Die Schauspielerin Hanna Schygulla zeigt sich in einem Zeitungsinterview nicht nur körperlich, sondern auch seelisch vollkommen ungeschminkt:

«Ich habe mir angewöhnt, meine Schwächen lieber offenzulegen. Sonst bestimmen sie doch mein Leben, weil mich die Angst begleitet, andere könnten sie entdecken. Wenn wir darauf verzichten, besonders toll zu sein, bringt uns das wirklich voran. Gerade als Schauspieler muss man auch das zeigen, was man nicht so gerne zeigt. Erst dadurch eröffnen sich neue Möglichkeiten. Ich kann es genießen, nicht mehr einem Idealbild entsprechen zu müssen. Wie schön entspannend ist es doch, einfach so, wie ich eben bin, auch mal ganz ungeschminkt auf die Straße zu gehen.»

Einen ihrer größten Erfolge feierte sie 1974 im Film *Effi Briest* mit Regisseur Rainer Werner Fassbinder. Als sie sich kurz danach von ihm löste, verstand das kaum jemand. Doch die Schauspielerin wollte authentisch sein und nicht der Norm eines, wenn auch bewunderten, Regisseurs unterworfen werden. Sie fürchtete sich vor dem Verlust ihrer Integrität:

«Star zu sein, ist verlockend. Nach außen strahlt alles, aber innen erstarrt der Mensch zur Puppe. Aber ein Star muss leuchten. Und die Kraft, die er dafür braucht, fehlt dann, um zum Eigentlichen zu kommen.»

Auch Hanna Schygulla erlebte also die Diskrepanz zwischen Soll- und Ist-Zustand. Sie löste sich von Fassbinder, arbeitete mit anderen Regisseuren, spielte Theater und lehnte Hollywoodangebote ab, obwohl sie als Weltstar gehandelt wurde. Später zog sie sich ganz zurück, um sich um ihre kranken Eltern zu kümmern.

Keep on swinging

In der Psychotherapie wird gern die Frage aufgeworfen, ob ein Ratsuchender schwingungsfähig sei. Damit ist gemeint, ob er in der Lage ist, seine Gefühle und Bedürfnisse wahrzunehmen, sie angemessen auszudrücken und darüber zu sprechen. Dahinter steckt die Vorstellung, dass der differenzierte Ausdruck unserer Gefühle für unser seelisches Gleichgewicht von Bedeutung ist. Wer zu keinen Gefühlen mehr fähig ist, dessen Beziehungserleben verflacht.

Wer in Einklang mit sich kommen möchte und authentisch sein will, kommt nicht umhin, sich auch mit den unbequemen Empfindungen und Gedanken zu beschäftigen. Denn sonst wäre er ja nicht authentisch, sondern einseitig. Und jede Einseitigkeit schafft Probleme. Versuchen Sie, einen Tag lang nur mit einem Bein durch die Gegend zu laufen oder mit jedem ausschließlich über Ihre Beziehungsprobleme zu sprechen. Ich vermute, Ihre Umwelt wäre darüber äußerst irritiert.

Chronisch positiv

Was oft vergessen wird: Wer die Welt nur noch durch die rosarote Brille sehen kann, wird als langweilig empfunden, weil er die Realität nicht vollständig wahrnimmt. Menschen wenden sich ab, weil er einseitig emotional verkümmert. Personen, die zwanghaft gut drauf sind, erleiden nicht selten zwischenmenschlichen Schiffbruch, da sie sich nicht länger in problematische Gefühlszustände einfühlen können. Doch gerade in unseren schlechten Gefühlen liegen wahre Schätze verborgen. Um diese heben zu können, brauchen Sie einen inneren Ort, an dem jedes Gefühl sein darf. Sie benötigen diesen inneren Raum und diese innere Freiheit, um sich mit allen Facetten wahrnehmen zu können. Dazu kann es gehören, sich eine depressive Phase zu gönnen anstatt sie zu bekämpfen. Eine vielbeschäftigte Geschäftsfrau stellt nüchtern fest:

«Es gibt Tage, die sind einfach für den Mülleimer. Dann erlaube ich mir den Blues. Ich ziehe mich bewusst zurück und tue nicht so, als sei es anders.»

Anpassung ist gefährlich

Sie macht es richtig, denn zahlreiche wissenschaftliche Befunde belegen die enorme Depressionsgefahr durch Überanpassung und mangelnde Berücksichtigung der wahren Gefühle. «So zu tun als ob» ist eine kraftraubende Angelegenheit. Wer für seine wirklichen Gefühle und Wünsche keine Beachtung mehr findet oder gar belächelt wird, fällt ins Leere. Es ist ein schreckliches Erleben, für das, was einen wirklich ausmacht, keine Resonanz zu bekommen. Wir brauchen ein Echo im anderen, denn Begegnung ist mehr als Leistung. Ein Mensch, der nur gehört und wertgeschätzt wird, wenn er Leistung bringt und angepasst funktioniert, verarmt. Sein Kern wird belastet, nicht gestärkt. Dann braucht der Wesenskern vor allem Schutz und der Mensch einen Raum, in dem er so sein kann, wie er ist und fühlt. Die Schwingungsfähigkeit in Moll-Tönen ist lebensnotwendig, weil sie auf Grundbedürfnisse und Sehnsüchte verweist. Oft sind es die vermeintlich unguten Gefühle, die wie ein Kompass die Richtung weisen. In ihnen sind unsere Grundwerte und Überzeugungen verborgen, die wir im täglichen Anpassungsdruck verloren haben. Sie wieder ernst zu nehmen und sich wieder an dem zu orientieren, was für einen wirklich wichtig ist, ist eine spannende Angelegenheit.

Wer will ich sein?

Zu sich stehen zu können, kann kurzfristig zu kräfteraubenden Auseinandersetzungen führen, ist auf lange Sicht jedoch ungeheuer befriedigend: Das Selbstwertgefühl wächst mit jedem Schritt. Anpassung ist leicht, denn man muss nur tun, was erwartet wird. Wieder zu sich selbst zu finden, wenn man in die Fröhlichkeitsfalle der Selbstentfremdung gefallen ist, gleicht hingegen einem Entwicklungsprojekt. Darin muss man Geduld, Zeit und Achtsamkeit investieren. Es wird erheblich leichter, wenn man neugierig ist und wissen will, wer man denn abseits des genormten Mainstreams wirklich ist und – durchaus bewusst – sein will! Dies kann nach eingehender Reflektion auch bedeuten, eine neue Facette seiner selbst zu zeigen – ob es den anderen passt oder nicht!

Kultivierung der Gefühle

Wäre der Klingelton das einzig Individuelle, das uns noch geblieben ist, klopfte sich Karl Marx vor Freude auf die Schenkel. Er hätte damit Recht behalten, dass die unvermeidliche Konsequenz des Kapitalismus in der Entfremdung liegt. Wer diesen Prozess unterbrechen will, um sich seine eigene Natur wieder anzueignen, muss Abstand nehmen vom Erwartungsdruck der guten Laune. Sonst raubt einem die Smiley-Sickness, die Lächel-Krankheit, im Fieberwahn des Positiv-Denkens den letzten Rest Selbstachtung. Wie bedeutsam es ist, eine Kultur der Gefühle zu entwickeln, in der besonders die unerwünschten Gefühle ihren Raum bekommen, verdeutlichen die Aussagen der Pädagogin Christine Herde.

«Im Extremfall sehen wir am Amoklauf von Winnenden, was passiert, wenn die Kultivierung der Gefühle misslingt – wenn nicht verständnisvoll auch der Umgang mit Schwäche, Scheitern und Versagen eingeübt wird, wenn da niemand ist, der sagt:

Egal, was du leistest, erst einmal bist du ein Mensch, ein fühlendes Wesen, mit einem Recht, da zu sein und so zu sein. Die fast größere Katastrophe sehe ich in den vielen unauffälligen Schülern, die in die innere Emigration gehen und das Fühlen betäuben, manchmal im Gewand einer gar nicht fröhlichen Spaßkultur, um den hohen Preis, nicht herauszufinden, wer sie denn wirklich sind. Eigen zu sein und zu den Eigenheiten zu stehen, erfordert eben auch Mut – und braucht Ermutigung von Menschen, die die Kostbarkeit reifer Gefühle glaubhaft verkörpern.»

Das «Eigene» kennenzulernen wurde für eine engagierte, aber vom Burn-out bedrohte Studienrätin zu einer dringenden Notwendigkeit. Ihre Frage «Was ist eigentlich mir gemäß?» eignet sich vorzüglich als meditative Begleitmelodie im Alltag.

Was ist mir gemäß?

«Diese Frage ist für mich mittlerweile von großer Bedeutung, weil ich sonst ausbrenne und in meinem Leben gar nicht mehr vorkomme. Ich habe oft Angst, anderen zu zeigen, wie es mir wirklich geht. Aber ich habe festgestellt, dass ich nicht daran sterbe, wenn ich mich mit meinen Ängsten und Schwächen oute. Nicht jeder schreit ‹Hurrah!›, aber ich ernte sehr oft Verständnis. In einigen Bereichen habe ich bereits herausgefunden, was mir gemäß ist, und ich setze mich dafür ein, dass es in meinem Leben und in meiner Arbeit vorkommt. Ich habe zum Beispiel mit den Schülern ein Gartenbiotop angelegt. So komme ich öfter raus und bin dann irgendwie auch meiner eigenen Natur näher.»

Das Identitäts-Nein

Ich bin überzeugt, dass sich der Weg von der Selbstentfremdung zum selbstbestimmten Leben lohnt. Er wird leichter, wenn man sich erlaubt, kritisch-analytisch zu denken und sich von scheinbar selbstverständlichen Erwartungen zu distanzieren. Es ist die fatale Beziehungsbotschaft «sei anders», die Schaden anrichtet. Die unterschwelligen Botschaften «sonst bist du nicht okay» oder «sonst gehörst du nicht dazu» oder «sonst mögen wir dich nicht» sind es, die den Anpassungsdruck erhöhen und Leid hervorbringen.

Zu einem «In-dividuum» – wörtlich: das Unteilbare – wird man durch Abgrenzung von den Erwartungen, die einem nicht entsprechen. Das Eigene bedarf der Ent-Normung von gesellschaftlichen Soll-Vorstellungen. Bereits als Kind in der Trotzphase und als Jugendlicher in der Pubertät haben Sie solche Entwicklungen durchlaufen. Und auch im Erwachsenenleben gibt es genug Gelegenheiten, durch ein Nein, Ja zu sich selbst zu sagen.

«Das Große ist nicht, dies oder das zu sein, sondern man selbst zu sein», sagte der Philosoph Sören Kierkegaard. Wer dies nicht tut, riskiert, dass seine Selbstablehnung in Selbsthass mündet. Erst die Anerkennung eigener Bedürfnisse und ein klares Nein fördern die Selbstbejahung. Sie stellen eine sinnvolle Präventionsmaßnahme gegen Depressionen dar, weil das Identitäts-Nein dem Selbstverlust vorbeugt und dabei hilft, eigene Standards zu entwickeln. Dann können unser Selbstwert und unsere Selbstachtung wachsen.

Tiefe darf sein

Zufriedenheit und eine stimmige Präsenz entwickeln sich nur im Einklang mit sich selbst sowie den Erfordernissen der Situation und des Arbeitsfeldes. Eine gesunde «Response-ability», also die Fähigkeit, auf Anforderungen angemessen, verantwortlich und aus der Beziehung zu sich selbst heraus zu antworten, ist gefragt. Sich private und berufliche Rollen unter Wahrung der eigenen Persönlichkeit und im weitestgehenden Einklang mit den eigenen Werten anzueignen, ist die Grundlage für Zufriedenheit und Glück. Ich will Ihnen Anregungen geben, wie Sie Ihre Person und Rolle miteinander in Einklang bringen können. Der zunehmenden Selbstentfremdung setze ich die Selbstbefreundung entgegen. Ich unterstütze Sie darin – nach einer Phase der Selbsterforschung –, wohldurchdachte Mutanfälle zu wagen, um zu größerer Stimmigkeit und kraftvoller, menschlicher Präsenz zurückzufinden. Ihr Gewinn besteht in einem Zuwachs an Zufriedenheit, Lebensfreude und Leistungsvermögen. Es gibt einen gesunden Weg, in jeder Rolle angemessen authentisch zu sein!

Ein schützenswertes Weltkulturgut

Wie Sie sicher bemerkt haben, gehören Gefühle meiner Ansicht nach in ihrer ganzen Bandbreite zum schützenswerten Erbe der Menschheit. Ich möchte die Grundannahmen, auf denen meine Überlegungen basieren, noch einmal zusammenfassen:

1. Die Einteilung in «gute» und «schlechte» Gefühle beruht auf einer subjektiven Bewertung. Gefühle können angenehm oder unangenehm sein, aber nicht «schlecht». Sie sind ein wichtiger Teil unserer Lebendigkeit und machen das Leben bunt und farbenfroh.

2. Fast immer weisen «schlechte Gefühle» darauf hin, dass wesentliche Bedürfnisse übergangen wurden. Sie enthalten Botschaften und Informationen, die für uns – und oft auch für andere – wichtig sind. Sie haben einen Sinn, der sich durch sorgsames Herantasten erschließen lässt.

3. Die Bewertung und Interpretation dessen, was wir wahrnehmen, spielt eine große Rolle bei der Entstehung und Aufrechterhaltung von «unguten» Gefühlen.

4. Unbequeme Gefühle und Empfindungen zu übergehen, vergrößert das Leiden. Sich ihnen mit freundlicher Achtsamkeit zu nähern, fördert das Wohlbefinden.

5. Mit manchen Emotionen können wir relativ souverän umgehen, mit anderen weniger. Gerade emotionalen «Auswärtsspielen», wie schmerzhaften, angstbesetzten und ungewohnten Gefühlszuständen, neigen wir aus dem Weg zu gehen.

6. Der Umgang mit vermeintlich «negativen» Gefühlen lässt sich lernen. Je mehr Repertoire wir im Umgang mit diesen Gefühlen haben, desto zuversichtlicher und selbstbewusster können wir sein.

7. Die Auseinandersetzung mit den emotionalen «Schattenseiten» fördert menschliches Wachstum und bereichert das Beziehungs-

leben. Sie beugt der Selbstentfremdung vor, vertieft zwischenmenschliche Begegnungen und begünstigt das Erleben von Stimmigkeit und Zufriedenheit.

Schluss mit dem Gute-Laune-Theater!

Ich bin der Ansicht, dass wir eine «Schule des Schlechtgehens» brauchen. Eine produktive Leidenskultur, die sich schwierigen Empfindungen und düsteren Gedanken annimmt, ohne sie gleich zu pathologisieren. Robbie Williams singt in seinem Welthit «Feel»: «I just wanna feel, real life!» Wer das wirkliche Gefühlsleben entdecken möchte, muss auch die Moll-Töne akzeptieren. Viele Künstler, die durch ihren Ruhm auf der Sonnenseite des Lebens standen, haben diese Wahrheit erst leidvoll erfahren müssen und sich dann therapeutische Hilfe gesucht.

Dunkel ist das neue Hell

Zur emotionalen Kompetenz, die diesen Namen verdient, gehört die Bereitschaft, auch schwierige Emotionen auszufühlen. Leider werden sie oft mit dem Etikett «negative Gefühle» versehen und dadurch entwertet. Doch sie haben ihren eigenen Wert, fordern Beachtung und Zuwendung. Denn gerade die auf der dunklen Seite angesiedelten Befindlichkeiten sind es, die auf dem Weg zu größerer Stimmigkeit und Authentizität weiterhelfen. Diese zu integrieren, ist eine anspruchsvolle Aufgabe, zu der ich Sie ausdrücklich ermutigen möchte. Die passende Werbebotschaft könnte lauten: Dunkel ist das neue Hell! Wenn es Ihnen gelingt, sich im Umgang mit Ihren vermeintlich schlechten Gefühlen zu ent-ängstigen, werden Sie bald eine üppige Ernte einfahren. Ich empfehle Ihnen: Nehmen Sie das Heft selbst in die Hand und entwickeln Sie die Kunst, es sich selbstbestimmt und «richtig» schlecht gehen zu lassen! Und: Gestatten Sie es auch anderen. Schluss mit dem Gute-Laune-Theater!

II. In Wahrheit geht es allen so …
Keinen Bock auf immer Bock haben

Im letzten Kapitel haben Sie in kurzen Schilderungen erfahren, wie Menschen das Dilemma mit dem Zwang zur guten Laune erleben. Nun möchten Sie vielleicht noch mehr Einblicke erhalten. Diese Neugier ist nicht verwerflich, denn wir alle vergleichen uns ständig. Dadurch können wir uns einordnen und überprüfen, ob es uns ähnlich geht. Sollten Sie bislang geglaubt haben, dass nur Sie Ihre unguten Gefühle verbergen müssen, kann ich Ihnen vergewissern – Sie sind nicht allein!

Ich möchte Ihnen Inga Gerber etwas ausführlicher vorstellen: Sie ist 41 Jahre alt, studierte Betriebswissenschaftlerin und arbeitet als freiberufliche Trainerin. Nebenher managt sie noch ihre Familie mit drei Kindern. Sie sieht sich selbst als «Kopfarbeiterin» mit Hang zum Perfektionismus. Sie erlebt, wie schmerzhaft es ist, im eigenen Leben nicht mehr ausreichend vorzukommen. Nach außen funktioniert sie gut. Mit fröhlichen Durchhalteparolen erweckt sie den Eindruck, hochmotiviert zu sein. So, wie es von ihr erwartet wird. Und so, wie sie es von sich selbst erwartet.

Wie fühlen wir uns denn heute?

«Ich fühle mich überlastet, da hat sich viel Frust angesammelt. Ich laufe nur noch mit meiner freundlichen Maske durch die Gegend und bin mir selbst abhanden gekommen. Als mich ein Seminarteilnehmer fröhlich fragte, ‹Na, wie fühlen wir uns denn heute?›, hätte ich am liebsten gesagt, ‹Gar nicht, Sie Sackgesicht!›. Da wurde mir klar, wie viel aufgestauter Ärger in mir steckt.»

Diese Art von Gereiztheit ist typisch, wenn die Lebensbalance nicht mehr stimmt. Sie ist ein untrügliches Signal dafür, dass der Mensch hinter seinen Rollen – in diesem Fall als Trainerin und Mutter – nicht mehr vorkommt. Dabei ist Inga Gerber in ihrem Beruf durchaus erfolgreich. Allerdings hat die schwere Erkrankung ihres Vaters, dessen Betreuung in den letzten Jahren immer mehr Zeit und Energie in Anspruch genommen hat, zusätzlich an ihren «Nerven gezerrt». Sie versuchte, allen gerecht zu werden, und baute eine Fassade auf: «Ich schaff das schon!»

«Mein Mann erwartet, dass es in der Familie reibungslos läuft und ich gut gelaunt Zeit mit ihm verbringe. Meine Kinder wollen, dass ich sie zu ihren Freizeitaktivitäten kutschiere, und meine Kunden erwarten eine topmotivierte Trainerin, die eloquent durch die Seminare führt. Ich weiß schon lange, dass da was nicht stimmt, aber ich kann von diesem Drang, Leistung bringen zu wollen, nur schwer loslassen. Ich suche die Schuld bei mir und denke, dass ich einfach nicht gut genug bin, um alles unter einen Hut zu bringen.»

Kennen Sie das auch? Inga Gerber war klar, was sie eigentlich tun müsste, aber:

Schlampe?

«Ich bin vollkommen unfähig, mich anders zu verhalten. Da ist nur diese riesige Unlust, so weiterzumachen, und der Wunsch, loszulassen und alles hinzuschmeißen, aber das macht mir Angst. Ich will nicht zur ‹Schlampe› mutieren. Mein Medium ist Sprache. Gefühle wie Ärger, Angst oder Verzweiflung kann ich nicht ausdrücken. Ich bin harmoniebedürftig und konfliktscheu. Ärger habe ich in der Vergangenheit weggelächelt, aber das kann ich jetzt nicht mehr.»

Vermutlich ahnen Sie bei dieser Schilderung schon, dass die Unbeholfenheit von Inga Gerber weit zurückliegende Wurzeln hat. Es fällt auf, dass ihr als Gegenentwurf zu ihrem Leistungsstreben nur eine Existenz als «Schlampe» einfällt. Daran erkennt man, dass der Gegenpol, das Ruhebedürfnis, nicht positiv besetzt ist. Das ist charakteristisch für Menschen, die sich in ihrem Leben an «überhöhten Standards» orientieren, wie es der amerikanische Psychologe Jeffrey E. Young nennt. Damit einhergeht die Erfahrung, dass «es nie gut genug ist».

Alles nur ein Traum?

«Wenn ich etwas gut hinbekommen habe, denke ich im gleichen Atemzug, dass ich es noch besser hätte machen können. Ich bin nie zufrieden und fühle mich wie getrieben. Das ist nicht immer schlecht, denn ich schaffe dadurch viel, aber es macht mich auf Dauer so müde. In einem Traum hat mich eine gehässige Stimme gefragt, was denn dieses ganze Gelaber auf den Seminaren noch soll. Ich habe mich fürchterlich erschrocken und gedacht, jetzt muss ich alles absagen. Eine unerklärliche Kraft hat mich fast erstickt und festgehalten. Da habe ich gemerkt, wie belastet ich mich fühle! Ich habe Angst, die Anforderungen nicht mehr zu schaffen, und schäme mich dafür. Ich komme mir im Beruf und in der Familie wie eine Versagerin vor.»

Es gibt Wissenschaftler, die halten Träume für neuronale Entladungen des Gehirns im Schlaf, denen keine weitere Bedeutung zukommt. Ich sehe in Inga Gerbers Traum hingegen einen Appell, diese innere Stimme ernst zu nehmen. Schon oft habe ich in Beratungen und Therapien erlebt, dass in Notlagen Tag- und Nachtträume wertvolle Hinweise für einen Veränderung geben. Es ist, als würde sich die Selbstheilungskraft des Menschen auch im psychischen Erleben zu Wort melden: «Sieh hin und überprüfe, ob du wirklich noch im Einklang mit deinen Bedürfnissen lebst.»

Der Zugang zu ihren wahren Bedürfnissen schien Inga Gerber versperrt. Sie war es gewohnt, die Wünsche anderer zu erfüllen. Um zu verstehen, welche Kindheitserfahrungen einem solchen Schema zugrunde liegen, sollte man die Atmosphäre im Elternhaus ergründen. Dadurch wird deutlich, in welchem emotionalen Milieu ein Mensch aufgewachsen ist. War es «feindselig», «liebevoll», «voller Spannung», «freundlich», «hektisch», «sexualisiert», «unterkühlt», «warm» oder «offen»? Hören wir, in welchem Umfeld die kleine Inga aufgewachsen ist und welche Botschaften ihr vermittelt wurden:

> *«Die Atmosphäre war immer angespannt. Wir wurden nie gefragt, wie es uns geht.» Inga Gerber stammt aus einem kleinen Ort in Niederbayern. Die Eltern arbeiteten hart und vermittelten den drei Kindern: «Strengt euch an, leistet was, ihr sollt es mal besser haben als wir!» Ihre früheste Erinnerung geht ins zweite Lebensjahr zurück: «Ich musste früh in den Kindergarten, dabei wäre ich so gern bei meiner Mutter geblieben. Ich fand es dort schrecklich, konnte mich gegen die älteren Kinder kaum zur Wehr setzen. Ich wurde als Kind oft mir selbst überlassen.»*

Ohne Worte

Inga Gerber entbehrte elterliche Zuwendung und Unterstützung. Um über die Runden zu kommen, entwickelte sie eine Pseudo-Autonomie: «Ich krieg das schon irgendwie alleine hin.» Irgendwie? Die Überforderung und die Haltlosigkeit, die damit einhergehen, hat niemand erkannt. Es ist, als würde man ein Haus auf sandigem Boden bauen. Es gibt kein stabiles Fundament, und es droht ständig einzustürzen. Inga Gerber erinnert sich an eine weitere Schlüsselszene:

> *«Als ich elf war, hat sich meine beste Freundin von mir abgewandt. Ich weiß bis heute nicht warum. Auf jeden Fall gehörte*

*ich nicht mehr zu ihrem Freundeskreis. Kurze Zeit später zog
eine andere Freundin weg, und ich kam mir allein gelassen vor.
Ich hätte gern darüber gesprochen, aber meine Eltern hatten für
meine Sorgen kein Verständnis. Da bin ich innerlich verstummt.
Ich musste viel mit mir allein abmachen.»*

Ihre Bedürfnisse nach Beistand, Geborgenheit und elterlichem
Schutz hat Inga Gerber bereits als Kind begraben müssen. Zwanghaft war sie stattdessen bemüht, sich an die Erwartungen anderer
anzupassen und sich zusammenzureißen. Um sich vor weiteren Enttäuschungen zu schützen, beschloss sie, niemanden mehr an ihrem
Innenleben teilhaben zu lassen. Ein solcher Entschluss hat seinen
Preis. Dieser besteht in einer zunehmenden Isolation, der Entfremdung von den eigenen Bedürfnissen und einer massiven Selbstüberforderung. Man identifiziert sich mehr als nötig mit Leistungsidea-
len; alles, was als Schwäche ausgelegt werden könnte, ist bedrohlich.
Je höher man die eigenen Leistungsstandards steckt, umso größer ist
die Gefahr, sie nicht erfüllen zu können. Es ist wie ein Balanceakt auf
dem Seil über einem tiefen Abgrund. Die kleinste Abweichung, der
geringste Seitenwind kann Panik hervorrufen, weil man nie die Erfahrung gemacht hat, dass man in Momenten der Schwäche und
Bedürftigkeit im sicheren Netz elterlicher Fürsorge aufgefangen
wurde. Das ist traurig. Inga Gerber empfand diese Trauer, als sie in
einer Ausstellung das Bild eines weinenden Mannes sah.

*«Aus ihm liefen die Tränen wie in einen Bach, in dem er bis zu
den Knien stand. Das kam mir vor wie meine endlose Trauer, die
aus mir herausläuft und niemals aufhört. Ich musste an die
Durchhalteparolen denken, die ich zu Hause ständig gehört
habe. Alles begann mit ‹Du musst …›, als wäre ich mit Befehlen,
wie ich zu sein hätte, aufgewachsen.»*

Die sensible Inga

Was Sie an dieser Schilderung erkennen können, ist, wie sich ein kindliches Muster bildet. Die junge Inga lernte, dass sie die Erwartungen anderer erfüllen muss, um Anerkennung zu bekommen. Diese Erfahrung hat sich tief eingeprägt und ist zu einem Schema geworden, dem auch die erwachsene Inga folgt. Während einer Weiterbildung ergab sich eine problematische Situation:

«In einer Ausbildungsgruppe sollte ich in die Mitte, um in einem Rollenspiel das Gelernte auszuprobieren. Das traf mich unvorbereitet, ich habe am ganzen Körper gezittert. Ich dachte, jetzt sind alle Augen auf mich gerichtet. Jetzt bloß keinen Fehler machen.»

Es kommt in Stresssituationen oft vor, dass man in die Augen der anderen entweder strenge frühere Bezugspersonen oder den eigenen, verinnerlichten «strengen Richter» hineinsieht. So war auch da das alte Schema erwacht: «Ich muss es den anderen recht machen.» Das ist an sich nicht verwerflich oder schädlich. Es ist die unausgesprochene Konsequenz, die Probleme bereitet: «… sonst werde ich abgelehnt und verliere die Wertschätzung meiner Kollegen.» Es ist die kleine Inga, die sich fürchtet. Doch die Erwachsene hat für diese Situation eine Lösung gefunden: «Ich habe einfach kompetent getan!» Diese Lösung war gar nicht so schlecht, denn das hat ihr «zumindest geholfen, die Situation zu überstehen». Doch der innere Druck der alten Überzeugungen blieb erhalten.

Außerdem konnte Inga Gerber erkennen, dass das Kind in ihr nicht nur große Angst verspürte, sondern oft allein gelassen wurde. Bislang hatte sie das als gegeben hingenommen, doch nun erlaubte sie sich zum ersten Mal, darüber zu trauern. Sie lernte, den Schmerz über die tragische Koppelung von Leistung und Zuwendung zuzulassen und für kurze Momente «auszuhalten». Dadurch bildete sich eine neue

Sensibilität für ihre wirklichen Bedürfnisse. Das ist wichtig, denn im Kontakt mit dem, was eigentlich wichtig für uns ist, nähern wir uns einer wichtigen Quelle, aus der wir neue Kraft schöpfen können. So ist es auch bei Inga Gerber. Nach einer längeren Trauerphase sprudelt ihre kreative Ader wieder, und sie kann die frei gewordene Energie für eine Umwandlung der alten Überzeugungen nutzen. Es ist, als würde sich neben den ausgewaschenen Pfaden der Angst ein neues Flussbett bahnen, durch das ihre Lebenskraft zukünftig fließen kann. Sie entwickelt einen anderen Ansatz und arbeitet an einem neuen Schema.

Fehler zu machen, ist wichtig

«Ist das nicht absurd? In einer Lernsituation keinen Fehler machen zu wollen? Ich verurteile die anderen Kursteilnehmer ja auch nicht, wenn sie ihre Schwächen offenbaren. Im Gegenteil, das entlastet mich, und ich kann viel von ihnen lernen. Als Kind habe ich in der Schule auch durch Fehler gelernt. Korrekturen haben mir geholfen, es beim nächsten Mal richtig zu machen. Warum sollte es als Erwachsene anders sein? Ich möchte etwas lernen, und dabei ist es wichtig, Fehler zu machen. Ja, der Ansatz, dass ich Fehler machen darf und dass das sogar wichtig ist, gefällt mir.»

Müssen und möchten

Was am Erleben von Inga Gerber auffällt, ist der sich wandelnde Sprachgebrauch. Das alte Schema begann mit den Worten «Ich muss!». Das neue Schema beginnt mit «Ich möchte!». Das ist ein großer Unterschied. Mir ist aufgefallen, dass viele Menschen allergisch reagieren, wenn sie denken, dass sie etwas tun müssen. Es scheint, als würde man damit ein Stück Eigenständigkeit aufgeben, und das gefällt den wenigsten. Machen Sie ein Experiment: Vergegenwärtigen Sie sich einige Dinge, von denen Sie glauben, dass Sie das müssen. Notieren Sie drei Gedanken, die mit «Ich muss» beginnen. Dann streichen Sie diese beiden Worte und ersetzen sie durch

«Ich möchte». Wie klingt der Unterschied zwischen «Ich muss» und «Ich möchte» in Ihren Ohren? Was fühlt sich besser an?

Ich will andere nicht mehr bespaßen!

Im ersten Kapitel hatte ich bereits darauf hingewiesen, dass die Frage «Was sagen dir deine schlechten Gefühle?» von großer Bedeutung ist. Inga Gerber hat sie ernst genommen und dabei wesentliche Teile ihrer Persönlichkeit wieder entdeckt.

> *«Ich habe die Nase voll davon, ständig für andere dazusein. In den Seminaren sorge ich mich um das Wohl der Teilnehmer, zu Hause um das meiner Familie. Ich will andere nicht mehr bespaßen! Ich fühle mich so einsam, sehne mich nach dem Austausch mit anderen und möchte auch mal versorgt werden. Wer kümmert sich eigentlich um mich?»*

Perlentauchen

Endlich hat Inga Gerber zu ihren wahren Bedürfnissen gefunden. Sie ist in ihre «schlechten Gefühle» eingetaucht und hat sie ungezügelt sprechen lassen. Und siehe da: In diesen wenigen Worten liegen eine Vielzahl unerfüllter Sehnsüchte verborgen. Sie hat die Muschel ihrer Verschlossenheit geöffnet und darin mehr als eine Perle gefunden. Hinter ihrer Unlust – «Ich will andere nicht mehr bespaßen!» – kommen ihre Bedürfnisse hervor, so, als hätten sie sich lange im Gebüsch der Selbstaufopferung versteckt: «Ich möchte versorgt werden!» – «Ich möchte auch Spaß haben!» – «Ich brauche mehr Kontakt und Austausch!». Sie können daran erkennen, dass man Un-Lust übersetzen kann mit: «Ich habe ein anderes Bedürfnis!»

> *«Ja, mein Hunger nach bedingungsloser Zuwendung ist riesengroß geworden. Ich habe es zu oft weggelächelt und versteckt. Ich dachte, ich kann meinen Selbstwert durch die Befriedigung an-*

34

derer füttern. Doch das funktioniert nicht mehr. Indem man
andere füttert, wird man selbst nicht wirklich satt. Ich will mich
mehr um meine Bedürfnisse kümmern.»

Inga Gerber beschreibt damit eine Erfahrung, die ich oft beobachtet habe: Unter einem extremen Leistungsanspruch, einem Hang zum Perfektionismus oder einer starken altruistischen Selbstaufopferung verbergen sich unerfüllte Sehnsüchte. Doch die Trauer darüber, dass sie nicht erfüllt wurden, wird mit Ersatzgefühlen kaschiert. Man freut sich, anstatt zu trauern, gibt sich eloquent, wenn man verzweifelt ist und tut selbständig, wenn man sich eigentlich anlehnen möchte. Diese Schemata wurden meist früh im Leben entwickelt, um «irgendwie durchzukommen» und den Schmerz einer essenziellen Entbehrung nicht mehr spüren zu müssen. Das ist das Gute daran und soll gewürdigt werden: Man hat einen Weg gefunden, diesen Mangel zu kompensieren, und dadurch vieles im Leben erreicht. Doch es ist ein Weg, der auf lange Sicht in eine Sackgasse führt. Selbstbestätigung lässt sich nicht vollständig durch andere beziehen, denn das ist Fremdbestätigung und führt in eine unheilvolle Abhängigkeit vom Zuspruch anderer.

Zwischen Schein und Sein

Wie Sie sicher spüren, hat Inga Gerber den tiefen Wunsch, in guter Kooperation mit ihren Bedürfnissen zu leben. Sie hatte schon immer «Hunger nach Zuwendung» und die Sehnsucht, auch in ihrer Schwäche angenommen zu werden. Das macht sie zugleich etwas ratlos:

«Ich muss lernen zu akzeptieren, wie es ist, aber ich habe Angst
vor den Konsequenzen. Was geschieht, wenn ich meine Bedürf-
nisse entdecke und ernst nehme? Muss ich dann all meine Trai-
nings absagen, meinen Mann verprellen und meinen Vater im
Stich lassen? Manchmal schießt mir ein Gedanke durch den
Kopf: ‹Ich weiß nicht, wie und wer ich bin, wenn ich nicht funk-
tioniere.› Das erschreckt mich.»

Inga Gerber kommt nicht umhin, ihre Identität und das Bild von sich selbst neu zu entwerfen. Auf jeden Fall wünscht sich die «neue Inga», dass darin ihre eigenen Belange und Bedürfnisse mehr Raum finden. «Wenn ich möchte, dass sich was bewegt, muss ich mich bewegen», dieser Sinnspruch fällt Inga Gerber ein. Er zeigt an, dass Verhaltensänderungen anstehen, die mit Ängsten verbunden sind. Sie überlegt, welche Botschaften diese Ängste für sie bereithalten:

«Ich darf nicht übers Ziel hinausschießen und alles hinschmeißen. Ich will nicht alle verprellen, aber ein gesünderes Maß finden. Vor allem muss ich noch üben, zu meinen Wünschen zu stehen, das ist echte Entwicklungsarbeit!»

Entwicklungsarbeit

«Das ist echte Entwicklungsarbeit.» Inga Gerber trifft den Nagel auf den Kopf, denn es ist tatsächlich unbequem und zumindest am Anfang etwas mühsam, die bekannte Komfortzone zu verlassen und sich anders zu zeigen. Lassen Sie, lieber Leser, sich nicht einreden, dass es ausreicht, nur positiv zu denken und fest an sich zu glauben. Darüber erfahren Sie im nächsten Kapitel Näheres. Schließlich geht es darum, unsicheren Boden zu betreten und dabei alte Hemmungen und Ängste zu überwinden. Sich gegenüber Freunden, der Familie, Kollegen, Partnern und Geschäftspartnern anders zu verhalten, ist eine aufregende Erfahrung. Inga Gerber kann das bestätigen.

«Als ich das erste Mal einem Kunden einen Termin abgesagt habe, hatte ich gleich Angst zu verarmen und nie wieder einen Auftrag zu bekommen. Und als ich mit meiner Familie darüber sprach, ob nicht ein Pflegedienst für meinen Vater angemessener wäre, kam erst viel Widerspruch. Ich hatte zwar wacklige Knie, aber ich bin dabei geblieben, dass mich das überfordert. Jetzt habe ich mich zumindest etwas daran gewöhnt zu sagen, was ich

möchte. Es ist eindeutig besser als früher, aber immer noch mit Aufregung verbunden.»

Soweit die Erfahrungen von Inga Gerber. Sie enden mit einer Erkenntnis, die ich Ihnen in diesem Buch immer wieder ans Herz legen möchte: Von «schlechten Gefühlen» zu lernen, ihre Botschaft ernst zu nehmen und im Alltag umzusetzen, ist ein «Work in Progress» und kein einmaliger Vorgang. Er bedarf der Übung, der sorgsamen Pflege und inneren Überzeugungsarbeit, dass dies ein gesunder Weg zu mehr Wohlbefinden ist. Da dies ein lohnender Weg ist, möchte ich Sie darin bestärken, es ebenfalls zu versuchen.

Was fehlt Ihnen?

Wie Sie am Beispiel von Inga Gerber gesehen haben, geht es Menschen schlecht, wenn sie ihre Grundbedürfnisse übergehen oder diese von anderen nicht berücksichtigt werden. Haben Sie Lust, einen Blick auf Ihre eigene Bedürfnislandschaft zu werfen? Dann überlegen Sie einen Moment: Was ist zurzeit Ihr wichtigstes Bedürfnis? Müssen Sie lange überlegen? Es wird leichter, wenn Sie spontan einen der folgenden Satzanfänge ergänzen:

Am liebsten möchte ich jetzt ...
Wenn ich könnte, wie ich wollte, dann würde ich jetzt am liebsten ...
Mir geht es schlecht, weil mir ... fehlt.

Die gute alte Frage des Arztes «Was fehlt Ihnen denn?» eignet sich hervorragend dazu, sich selbst zu stellen: «Ja, was fehlt mir eigentlich?» Dadurch haben Sie einen Ausgangspunkt für die Spurensuche gefunden, und nicht selten landen Sie bei den ursprünglichsten menschlichen Bedürfnissen. Wir leiden, wenn für uns relevante Bedürfnisse unerfüllt bleiben, verhindert werden oder wir uns nicht für sie einsetzen. Und diese elementaren Bedürfnisse sind überschaubar:

- angenommen werden, Sicherheit und Geborgenheit erleben,
- Zuwendung und Ermutigung bekommen,
- sich zugehörig fühlen,
- allein und unabhängig sein können und dürfen,
- Respekt und Wertschätzung erfahren,
- Achtung von Grenzen erleben,
- Intimität und Sexualität genießen.

Immer wieder berichten mir Menschen, dass sie sich scheinbar «grundlos» schlecht fühlen. Doch im Laufe der Zeit finden sich eigentlich immer Umstände, die das Unbehagen hervorgerufen haben. Um Ihr Bewusstsein für Situationen zu schärfen, in denen es gute Gründe dafür gibt, sich schlecht zu fühlen, habe ich auslösende Ereignisse zusammengetragen, die mir in meiner Praxis häufiger begegnen. In jeder dieser Situationen wird mindestens eines der zuvor genannten Grundbedürfnisse frustriert.

Vierzehn gute Gründe, es sich schlecht gehen zu lassen

1. Sie haben einen Verlust erlitten

Ein Ereignis, eine Person oder ein Tier war für Sie von großer Bedeutung. Ein zu schneller Übergang zum «Business as usual» würde diesen Wert schmälern und seiner Relevanz nicht gerecht. So hatte ein 37-jähriger Mann seinen Vater verloren, als er 20 war. Er hatte nie getrauert, weil er glaubte, «da irgendwie durchzumüssen». Heute sagt er: «Ich will traurig sein. Jahrelang habe ich mir das verboten, weil ich dachte, sonst belaste ich meine Familie mit meinem Schmerz.»

2. Sie befinden sich in einer Übergangssituation

Übergänge haben mit Trennung und Abschiednehmen zu tun. Eine Liebe ist vorbei, ein Arbeitsplatz nicht mehr der richtige, ein Umzug erforderlich, die Kinder verlassen das Haus, eine Krankheit schränkt

Sie ein. Sie müssen sich neu orientieren, Bilanz ziehen und einen Neuanfang wagen. In die Vorfreude kann sich der Schmerz über das Vergangene mischen, Unsicherheit und Ängste wollen ausgehalten und überwunden werden. Bei unerwarteten Trennungen findet sich in der Phase nach dem ersten Schock eine Mischung aus Trauer, Ärger und Angst. «Das Alte geht nicht mehr und das Neue ist noch nicht da», beschreibt eine 43-Jährige einen typischen Schwebezustand. «Aber ich weiß, dass meine Trauer einen Sinn hat und ich da durchmuss.»

3. Sie sind gekränkt
Was kränkt, macht krank. Jemand hat Sie verletzt und einen wesentlichen Teil Ihrer Persönlichkeit berührt. Nun zur Tagesordnung überzugehen und so zu tun, als wäre nichts gewesen, ist eine fatale Strategie. Dadurch würden Sie den anderen geradezu dazu einladen, es wieder zu tun, denn er könnte denken: «So schlimm kann es ja nicht gewesen sein.» Verzeihen Sie gravierende Kränkungen nicht zu früh – dadurch setzen Sie sich selbst herab. Nach einer Kränkung zu leiden, ist vollkommen normal. Gekränkt zu sein und es zu zeigen, ist okay.

4. Sie sind verärgert
Die Botschaft des Ärgers lautet: Das ist nicht in Ordnung. Und: Ich möchte, dass sich das ändert! Ob es der hohe Benzinpreis ist, eine ungerechte Behandlung am Arbeitsplatz oder das Fehlverhalten eines Freundes: Stehen Sie dazu, sonst geht es Ihnen unnötig schlecht. So zu tun, als seien Sie es nicht, wäre ein Verrat an sich selbst.

5. Sie sind unzufrieden
Im Unterschied zum Ärger, der sich schon mal lautstark meldet, kann Unzufriedenheit leiser daherkommen, wenn Soll- und Ist-Zustand nicht mehr übereinstimmen. Sie brauchen dieses Schlechtgehen, um herauszufinden, wie es sein soll. Die Spurensuche kann beginnen. «So nicht mehr», reicht als Antwort nicht aus! Wohin soll

die Reise gehen? Solange Sie das noch nicht wissen, ist es normal, dass Sie sich unwohl fühlen.

6. Sie haben Liebeskummer

Eine Zurückweisung tut weh, eine unerwiderte Liebe schmerzt und unerfüllte Sehnsüchte brennen wie heiße Glut. Sicher kennen Sie das aus eigener Erfahrung. Dann will die Wunde gut versorgt sein, und mancher will hören und sehen, dass es anderen nicht besser geht. Trostpflaster sind gute Gespräche mit Freunden, die passende Musik oder ein sentimentaler Film.

7. Sie wollen leiden

Dieser Punkt kommt Ihnen vermutlich ungewöhnlich vor. Das kann ich verstehen, aber jeder hat das Recht dazu, freiwillig zu leiden. «Heute gebe ich mir die Kante, ich bin so frustriert», vertraute mir ein Bekannter an. «Manchmal gönne ich mir das. Dann geht es mir einmal richtig schlecht und gut is'!» Seien Sie allerdings vorsichtig, wenn Sie sich selbst bestrafen wollen, weil Sie meinen, es nicht besser verdient zu haben. Denn dann geht es Ihnen unnötig schlecht. Und beachten Sie, dass die Kombination von Alkohol und Problembewältigung äußerst bedenklich ist, weil sie die Probleme vergrößert! Ein Sonderfall ist das «strategische» Leiden, das mir in Paarberatungen zuweilen begegnet: Um dem andern zu zeigen, was für ein Schuft er ist, hebt man das eigene Leid besonders hervor und verspricht sich unterschwellig einen moralischen Vorteil davon.

8. Sie sind krank

Es gibt Menschen, die gestatten es sich nicht, krank zu sein, selbst wenn sie es sind! Für sie steht Kranksein für Schwäche, und sie hassen es, schwach zu sein. Doch warum eigentlich? Es kann «sinnvoll» sein, krank zu werden, insbesondere dann, wenn man ständig über seine Grenzen gegangen ist. Dann holt sich der Körper, was er braucht: Ruhe und Zeit zum Regenerieren und Nachdenken. Aber auch wenn Kinder oder Angehörige krank sind, fühlt man mit ihnen, und die Erkrankung eines Haustieres kann einen tief bekümmern. Es ist normal, dann besorgt zu sein.

9. Sie bekommen nicht die Anerkennung, die Sie sich wünschen

Wir benötigen wertschätzende Resonanz, denn daraus speist sich ganz wesentlich unser Wohlbefinden. Bleibt sie aus, ist es natürlich, darunter zu leiden. «Mein Chef schmückt sich mit fremden Federn. Ich arbeite die Projekte aus, und er tut so, als wären sie auf seinem Mist gewachsen», beklagt sich die Mitarbeiterin eines Internetunternehmens. Ihr Unwohlsein ist mehr als berechtigt!

10. Sie werden unfair behandelt

Fairness ist ein Begriff, der ursprünglich im Sport von Bedeutung war. Er kennzeichnet ein bestimmtes Verhalten, das über die bloße Einhaltung von Regeln hinausgeht. Es beschreibt eine Haltung: die Achtung des sportlichen Gegners. Er wird als Partner gesehen oder zumindest als Gegner, dessen Würde es selbst im härtesten Kampf zu achten gilt. Fairplay ist eine Art zu denken, nicht nur eine Art des Verhaltens. Es zielt darauf ab, Hinterhältigkeit, Gewalt und Betrug nicht zuzulassen. Zu den Grundregeln des Fairplay gehört es:
- Regeln und Absprachen anzuerkennen und einzuhalten,
- ein partnerschaftlicher Umgang,
- auf gleiche Chancen und Bedingungen zu achten,
- für einen Sieg nicht jeden Preis zu zahlen,
- Haltung in Sieg und Niederlage zu bewahren.

Wird eines dieser Prinzipien verletzt, fühlen wir uns zu Recht unwohl! Das gilt nicht nur im Sport, sondern für das Geschäftsleben genauso wie für das Beziehungsleben. «Fairness ist die Kunst, sich in den Haaren zu liegen, ohne die Frisur zu zerstören», bemerkt dazu der Aphoristiker Gerhard Bronner trocken.

11. Sie werden ausgegrenzt

«Ich fühlte mich ausgestoßen wie ein Paria», sagt eine junge Kauffrau, «weil keiner mehr mit mir in die Kantine geht.» Nach einem Konflikt zeigen ihr die Kollegen die kalte Schulter. «Das tut weh.» Ihr kommt es so vor, als solle sie bestraft werden. «Nur weil ich eine andere Meinung vertrete, werde ich geschnitten.» Das ist schmerzhaft und ein guter Grund, sich unbehaglich zu fühlen.

12. Ihre Grenzen werden nicht geachtet

Der Kollege setzt sich ungefragt auf Ihren Schreibtisch, während eines Telefonates werden Sie permanent gestört, Ihnen werden indiskrete Fragen gestellt. Oder: Ihr Partner oder Vorgesetzter will ständig mehr von Ihnen, als Sie zu geben oder zu leisten vermögen. All das sind Grenzüberschreitungen. Der Verlust der Intimsphäre und die Missachtung persönlicher Grenzen führen verständlicherweise dazu, sich schlecht zu fühlen.

13. Sie haben eine Arbeit, die Ihrer Persönlichkeit nicht entspricht

«Menschen sind am glücklichsten, wenn sie das tun, was sie am besten können», hat der Sozialpsychologe und Flow-Experte Mihaly Csikszentmihalyi herausgefunden. Wenn das nicht der Fall ist, kann dies zu einem quälenden Zustand führen. Ein im Backoffice einer Bank tätiger 28-jähriger Mann sagt:

«Ich bin eigentlich ein Schreibtischtäter und liebe es, in Ruhe meine Tabellen und Tischvorlagen zu erstellen. Jetzt soll ich mehr Kundenkontakt aufbauen und muss dazu viel telefonieren und auf Meetings gehen. Ich hasse das! Diese andauernden Besprechungen liegen mir nicht. Ich arbeite lieber im Hintergrund.»

Bei der Mitarbeiterin einer Behörde ist es umgekehrt:

«*Ich soll zurück in die Sachbearbeitung, dabei hat mir das Ge-spräch mit unseren Klienten viel mehr Freude bereitet. Mir geht es mies.*»

14. Sie sind allein und vermissen Geborgenheit

Wie bedeutsam Geborgenheit, Zärtlichkeit und Hautkontakt sind, belegen eindrucksvoll die Erfahrungen der amerikanischen Psychologin Tiffany Field. Sie hat sich der im Brutkasten liegenden Frühgeburten angenommen, bei denen bislang die Maxime «so wenig Berührung wie möglich» galt. Field hat nachgewiesen, dass Säuglinge, die dreimal täglich gestreichelt wurden, ihren Reiferückstand rascher aufholten. Sie konnten bis zu sechs Tage früher nach Hause entlassen werden als Kinder ohne Berührungszuwendungen.

Hauthunger

Die sensible Zuwendung von Haut zu Haut wird vom Neugeborenen wie ein erster Gruß aufgenommen, der ihm Geborgenheit vermittelt. Es spürt, dass es willkommen ist und sein Bedürfnis nach einem fühlenden Wesen auf ganze konkrete Weise gestillt wird. Doch auch als Erwachsene leiden wir, wenn uns Geborgenheit fehlt und dieser «Hauthunger» nicht gesättigt wird. Was zu bedenken ist: Zärtlichkeit kennzeichnet eine Beziehung, die auf wohlmeinender Fürsorge beruht. Obwohl viele Menschen gerade das Gegenteil befürchten, ist man zärtlich zu einem Menschen, eben weil er sich in manchen Momenten hilflos und zerbrechlich zeigt.

All diese Situationen können dazu beitragen, dass es Ihnen schlecht geht. Sie müssen sich dafür nicht schämen. Es ist vollkommen gesund, sich dann unwohl zu fühlen. In solchen Momenten brauchen Sie Zeit und Raum, um sich innerlich zu sortieren. Was geschehen kann, wenn Sie in solchen Phasen auf die Prediger des positiven Denkens hereinfallen, erfahren Sie im nächsten Kapitel.

III. Die Waffen der Gute-Laune-Terroristen
Gefährliche Botschaften und ihre Kollateralschäden

Viele Menschen sehnen sich nach Harmonie und Frieden. Doch der ersehnte Frieden wird bedroht, wenn menschliches Erleben auf die sonnigen Gefühle zwangsverpflichtet werden soll. Unterwerfung und Überanpassung an die Dogmen des positiven Denkens sind nämlich schädlich. Es entstehen erhebliche Kollateralschäden. In zahlreichen Therapien und Beratungen sind mir die Schattenseiten dieser Geisteshaltung begegnet. Diese destruktiven Aspekte möchte ich aufzeigen: Sie führen zu Selbstüberforderung und zur Entfremdung vom «eigenen Ich». Verinnerlicht man die Glaubensbotschaften des «positiven Denkens» unreflektiert, wirken sie im Untergrund der Psyche tatsächlich wie terroristische Glaubenskrieger: Was nicht ins Weltbild passt, soll eliminiert werden. Diese Geisteshaltung beinhaltet latente Allmachtsansprüche, die dazu führen, dass Schwäche, unerwünschte Emotionen und das normale «Sich-schlecht-Fühlen» in den Untergrund oder an die Fachleute abgeschoben werden. Doch die Welt ist anders, als es die Prediger der guten Laune gerne hätten.

Vorsicht, Infektionsgefahr!

Ich plädiere für ein Denken und Fühlen mit menschlichem Antlitz. Menschsein beinhaltet die Aufforderung zur Differenzierung. Wer zwischenmenschlichen Reichtum und Erfüllung erleben will, kommt nicht umhin, die Gefühlswelt als Ganzes anzunehmen und zu erforschen. Sonst wird nur die polierte Oberfläche des Menschen besetzt, die Tiefendimension geht verloren und das Beziehungsleben verkümmert.

Ich habe festgestellt, dass sich der Kriegsschauplatz in die Innenwelt verlagert, wenn die Außenwelt nur noch die angenehmen Gefühle willkommen heißt. Hat man sich unmerklich mit dem Gedankengut des Mainstream, der nur noch positive Gefühle gelten lässt, erst «infiziert» und dann identifiziert, toben die seelischen Kämpfe im Inneren. In der Folge führt man einen Krieg gegen sich selbst. «Wenn man von seinen wahren Bedürfnissen abgespalten ist, muss alles zum Kampf werden», sagt der Psychoanalytiker Arno Gruen. Unerwünschte Befindlichkeiten werden in das «Reich des Bösen» abgespalten, verdrängt und ignoriert. Doch die zwischenmenschlichen und psychischen Schäden sind enorm. An einer Depression, Angststörung, Herz-Kreislauf-Problemen oder Erschöpfungszuständen zu erkranken, ist äußerst belastend. Kommt das Gefühl hinzu, nur noch wie ein Roboter zu funktionieren und nicht mehr zu wissen, wer man eigentlich ist, geht jegliche Lebensfreude verloren. So ging es auch einem Vertriebsmitarbeiter aus der Versicherungsbranche:

> *«Der Krieg findet an zwei Fronten statt: Äußerlich sind es die Sunnyboys und Sunnywomen dieser Erde, die mich mit ihrer Grins-Ideologie und einer narzistischen Selbstaufblähung traktieren. Innerlich bin ich oft darauf reingefallen und habe gedacht, ich müsste auch so sein, um Erfolg zu haben. Ich konnte mich dem Terror der Selbststilisierung kaum noch entziehen.»*

Always look on the bright side of life?

Das Ideal des freudvollen, genussorientierten Gute-Laune-Menschen, der aus sich selbst heraus fröhlich gestimmt ist, unterminiert nicht nur die Gesellschaft, sondern auch die Psyche des Einzelnen. Ich möchte ausdrücklich betonen, dass psychische Probleme erst dann entstehen, wenn Menschen versuchen, Emotionen zu verdrängen, nicht aber durch die Gefühle selbst! Die zur Dauermotivation ihrer Mitarbeiter verpflichtete Projektleiterin eines Kosmetikherstellers brach beim Hausarzt weinend zusammen.

*«Ich musste Zuversicht ausstrahlen, von morgens bis abends. Das
wurde von den Kunden und meinen Kollegen erwartet. Doch ich
wusste, auf welch wackeligen Füßen unsere Angebote standen.
Nur um die avisierten Quartalszahlen zu erreichen, haben wir
Blendwerk produziert. Ich musste so tun, als ob wir garantiert
alle Produkte in der versprochenen Qualität fristgerecht liefern
könnten. Gleichzeitig wusste ich, dass das unmöglich ist. Mein
innerer Spagat wurde immer größer. Am Ende konnte ich nicht
mehr heucheln. Beim Blick in den Spiegel kam ich mir wie eine
Verräterin an mir selbst vor.»*

An diesem Beispiel können Sie gut erkennen, wie sich der Konflikt
in die Innenwelt verlagert. Diese Frau fasste sich ein Herz und teilte
ihrem Vorgesetzten ihre Bedenken mit. Lächelnd bekam sie daraufhin empfohlen: «Don't crack under pressure – relax!» Wie empfinden
Sie seine Bemerkung? Ich empfinde sie als zynisch.

Idealisierungen sind Fallen

Ich bin der Ansicht: Wer nur das Gute sehen will, hat eine einseitige
Wahrnehmung und verkennt die Risiken. Seine Wahrnehmung ist
getrübt, nicht jene der vermeintlich «trüben Tasse» oder des «Schwachen». Doch die Zwangsbespaßer arbeiten mit einfachen Mitteln. Es
sind stets die gleichen Formeln, Erwartungshaltungen und Behaup-
tungen, die sie in die Welt setzen. Damit Sie, lieber Leser, Ihre Wahrnehmung für die Methoden der Gute-Laune-Terroristen schärfen
können, stelle ich sie Ihnen nun vor. Ich habe sie in der «Du-Form»
abgefasst, damit Sie anhand Ihrer Reaktion unmittelbar überprüfen
können, wie sehr Sie sich mit diesen Botschaften identifiziert haben.
Achten Sie darauf, welche Botschaften Sie fraglos hinnehmen und
bei welchen sich ein innerer Widerstand regt! Die Leitfrage lautet:
«Fühlt sich die Botschaft gut an?»

Zwölf fragwürdige Glaubensbekenntnisse

1. Du musst gute Laune haben
Mögliche Kollateralschäden: Selbstentfremdung, innere Leere und Oberflächlichkeit

Mehr oder weniger ausgesprochen erklingt die unheilvolle Botschaft: «... sonst bist du ein Miesepeter und nicht gesellschaftsfähig.» Derartige Beziehungsbotschaften sind soziales Gift, denn sie führen zu einer Verarmung des Zwischenmenschlichen. Schlimmstenfalls bewirken sie eine Verschmutzung des Innenlebens, wenn man sich ungeprüft mit derartigen Zuschreibungen identifiziert. Man kann sie sich als Antreiber vorstellen, die eigentlich «Vertreiber» heißen müssten, weil sie dazu führen, dass man wesentliche Teile seines inneren Erlebens und damit einer gefühlten inneren Wahrheit verbannt. Wäre der Gefühlsterrorist ehrlich, müsste der vollständige Satz lauten: «Du musst gute Laune haben, weil ich sonst überfordert bin.»

Smile

Unter den Positiv-Aposteln gehört es zur Folklore, den Teilnehmern auf Motivationsseminaren zu erläutern, wie wichtig ein Lächeln ist. Selbst wenn man nur so tue, als sei einem zum Lachen, würde allein die Bewegung der Gesichtsmuskulatur dazu beitragen, das Gute-Laune-Gefühl abzurufen. «Steck dir einen Bleistift zwischen die Zähne und grinse, dann geht es dir besser», lautet eine Standardbotschaft. Da ist sogar etwas dran. Allerdings funktioniert dieser wechselseitige Mechanismus nur, wenn es einem nicht allzu schlecht geht. Ist die Laune nur leicht getrübt, ist es relativ leicht, die Schwelle zum Gutgehen zu überwinden. Dann kann man sich wieder positiv einschwingen. Wenn Sie mal ein kleines Stimmungstief haben, kann beispielsweise ein freudvolles Lied Ihre Stimmung durchaus heben. Sind Sie jedoch tief verletzt oder traurig, macht es wenig Sinn, sich grinsend vor den Spiegel zu stellen oder lauthals «Heute hau'n wir auf die Pauke» anzustimmen. In Abwandlung von Bobby McFerrins Hit könnten Sie stattdessen «Don't happy, be worried» pfeifen.

Eckhard von Hirschhausen, der sich engagiert um die Verbreitung der wissenschaftlich abgesicherten Zutaten für ein glückliches Leben bemüht, sagt in einem Interview: «Der Zwang zum Glücklichsein macht unglücklich.» Lassen Sie sich also vom vermeintlichen Glück anderer nicht provozieren. Sie müssen nicht glücklich sein, um dazuzugehören. Wenn es so ist, freuen Sie sich darüber. Wenn Sie im Moment unglücklich sind, dann ist das so, und es wird Gründe dafür geben. Erst wenn Sie sich sorgfältig mit den Ursachen befassen und Ihre Verstimmungen ernst nehmen, steigt Ihre Chance, Wege zu einer Verbesserung Ihrer Lage zu finden.

2. Du musst den Kopf hochhalten!

Mögliche Kollateralschäden: Verluste können nicht betrauert werden, übermäßiges Zusammenreißen kostet Kraft und: Man findet den Glückspfennig vor den eigenen Füßen nicht!

Der Prototyp des Gefühlsabwehrers kann mit den sensiblen Seiten der menschlichen Natur einfach nicht umgehen. Er projiziert seine seelische Verkrüppelung in den Feind und bekämpft ihn dort mit wohlfeilen Parolen in Form simpler Ratschläge: «Lass dich nicht hängen!» Doch den Kopf einmal hängen lassen zu dürfen, sich anzulehnen und Trost zu erfahren, ist ein wichtiges Zeichen menschlicher Verbundenheit. Dadurch bilden sich Vertrauen und Intimität.

3. Du musst nach vorn gucken!

Mögliche Kollateralschäden: Man wiederholt schlechte Erfahrungen, weil man aus der Rückschau nicht lernen konnte; Beziehungen missglücken erneut.

«Was vorbei ist, ist vorbei.» Mit dieser Einstellung versuchen Gefühlsterroristen möglichst schnell einen Verlust zu überwinden. Nach dem Ende einer Beziehung, einer Ehe oder einem Job wenden sie sich schnell dem Neuen zu. Sie hoffen, dass sie dadurch dem Schmerz des Verlustes entgehen können. Es ist, als würde man sagen: «Nachdenken bringt nichts.» Doch diese Rechnung geht oft nicht auf. Denn gerade Übergangsphasen sind von großer Bedeutung. In ihnen verarbeitet man den Verlust und sortiert sich innerlich neu. Mitunter hilft der Blick zurück dabei, herauszufinden, was man nicht mehr will. Das ist oft der erste Schritt in eine bessere Zukunft. Erst durch diesen Prozess wird man wirklich frei für das Neue.

Wäre Frank Sinatra diesem Rat gefolgt, hätte er einen seiner berühmtesten Songs, «I did it my way», niemals singen können. Ein Rückblick im Sinne einer Lebensbilanz ist sehr wertvoll. Frankie Boy schönte sie nicht. Er betrachtete rückblickend die schwierigen Momente und war stolz darauf, sie überwunden zu haben – auf seine Weise! So erging es auch einer 34-jährigen Angestellten, die rückblickend erkennt:

«Die Trennung von meinem Mann war schmerzlich. Aber das Beste daran war, dass ich gelernt habe, auf eigenen Beinen zu stehen. Heute mache ich sogar meine Steuererklärung selbst und kenne mich mit meinen Versicherungen und Geldanlagen aus. Das hat früher alles er verwaltet.»

Lässt sich auch im Staub Ihrer Lebensgeschichte ein Goldstück in Form einer «Lektion» oder Erkenntnis finden? Machen Sie die Probe aufs Exempel. Gestatten Sie sich einen Blick in die dunkelsten Stunden. Überprüfen Sie, ob es Ihnen danach wirklich schlechter geht, wenn Sie folgende Spielregel beachten: Suchen Sie Ihre unglücklichsten Momente und finden Sie heraus, was Sie gerade in dieser Situation lernen konnten oder erkennen mussten. Was war trotz allem Wertvolles darin?

4. Du musst optimistisch sein!
Mögliche Kollateralschäden: Man ist schlecht auf Widrigkeiten vorbereitet, übergeht berechtigte Ängste und schadet sich dadurch selbst.
Gilt das in jeder Lebenslage? Ist es nicht besser, zunächst den «worst case» durchzuspielen, um auf alle Eventualitäten vorbereitet zu sein? Der Untertitel «Sei nicht pessimistisch» ist sogar gefährlich. Denn erst ein gesunder Pessimismus trägt dazu bei, geeignete Notfallmaß-

nahmen vorzubereiten. Jede Versicherung, jede Feuerwehrübung, jeder Klimaforscher arbeitet mit negativen Szenarien, um rechtzeitig Vorkehrungen treffen zu können. Kommt man bei der Betrachtung des «worst case» zu dem Ergebnis, dass die negativen Konsequenzen einer Entscheidung durchaus tragbar wären, ist man begründet zuversichtlich.

5. Du musst positiv denken!

Mögliche Kollateralschäden: Diese Logik besagt, dass es immer an einem selbst liegt, wenn etwas schiefgeht oder ein gewünschtes Ergebnis nicht eintritt: «Man hat eben nicht genug daran geglaubt oder es nicht wirklich gewollt.» Externe Faktoren werden nicht gewürdigt. Dadurch werden Gefühle des Versagens und der Minderwertigkeit begünstigt, außerdem übersieht man Risiken, vernachlässigt eine sorgfältige Analyse und verantwortliches Handeln.

In spirituellen Kreisen steht das positive Denken besonders hoch im Kurs. Es gilt als ganzheitlich. Doch die subkutanen Gewissheiten der Esoterikszene haben es in sich. Die Überzeugung «Wir erschaffen uns die Welt, in der wir leben durch unsere Gedanken» gehört dort zum Allgemeingut. Der Geist sei stärker als die Materie wird behauptet, dann könne man «Berge versetzen». «Eine schöne Metapher», sagt Wolf Schneider, kritischer Herausgeber eines esoterischen Magazins, «aber ein paar Bulldozer oder eine Ladung Dynamit sind dafür in den meisten Fällen besser geeignet.»

Wissenschaftliche Untersuchungen belegen, dass positives Denken, das mit Hilfe innerer Bilder vorausschauend Zielvorstellungen entwickelt, nur denjenigen hilft, die bereits eine hohe Leistungsmotivation und wenig Angst vor Misserfolgen haben. Ihnen macht es Spaß, sich grandiose Erfolge auszumalen. Ein bekannter Leistungssportler erkrankte an Hodenkrebs. In einem Interview äußerte er mit völliger Selbstverständlichkeit: «Der Krebs ist das Beste, was mir in meinem Leben je passiert ist. Alles ist möglich, man muss es nur ganz fest wollen», lautet seine Devise. Wenn Sie dieser Parole folgen, kann es geschehen, dass Sie unmerklich Schuldgefühle programmieren.

Bei einem Rückfall kommen Sie sich trotz allen positiven Denkens als Versager vor. Sie haben nicht fest genug gewollt. Ein Teufelskreis! Übrigens: Es gibt Studien, die belegen, dass man den Verlauf einer Erkrankung durch geeignete Visualisierungen günstig beeinflussen kann, aber keine, die belegt, dass sich Krebs durch positives Denken «besiegen» lässt!

Think negative!

Ich habe festgestellt, dass Menschen, die über ein geringes Selbstbewusstsein verfügen, durch den Zwang, die Dinge positiv sehen zu sollen, zu einer optimistischen Zuversicht verführt werden, die sie jedoch kaum umsetzen können. Indem sie vorwegnehmen sollen, was durch Arbeit und Anstrengung erst noch erreicht werden muss, führt dies oft zu einer inneren Lähmung: «Wie soll ich das nur schaffen?» Sie sind dann noch weniger motiviert. Zu hohe Zielsetzungen führen Menschen mit starker Angst vor Misserfolgen lediglich vor Augen, was alles außerhalb ihrer Möglichkeiten liegt. Das verstärkt ihre negative Stimmung, macht sie pessimistisch und gleichgültig. «Manchmal ist es sogar besser, sich Misserfolgsphantasien hinzugeben», stellt die Psychologin Gabriele Oettinger fest. Wer sich Ziele stecken will, sollte also auch die Hindernisse vorwegnehmen. Erst, wenn man eine genaue Vorstellung hat, wie man diese überwinden kann, verwirklicht man seine Wünsche erfolgreicher. Das wusste schon Marcel Proust: «Pessimisten sind die wahren Lebenskünstler, denn nur sie erleben angenehme Überraschungen.»

6. Du darfst nicht bewerten

Mögliche Kollateralschäden: Man verleugnet sich selbst und findet keine eigenen Maßstäbe, an denen man sich orientieren kann.

Bewertungen sind wichtig, und wir tun es sinnvollerweise ständig. Wir prüfen fast jedes Ereignis im Hinlick darauf, ob es «gut» oder «schlecht» für uns ist oder «unbedeutend». Die Botschaft «Nimm es doch einfach so hin!» macht erst dann Sinn, wenn wir diesen Bewertungsprozess vorgenommen haben. In manchen Kreisen schwingt der Glaube mit, das «Herz ist besser als der Kopf», als wolle man damit jegliches Nachdenken abwerten. Der Schauspieler und Regisseur Woody Allen hat da so seine eigenen Erfahrungen: «Das schwierigste am Leben ist es, Herz und Kopf dazu zu bringen zusammenzuarbeiten. In meinem Fall verkehren sie noch nicht einmal auf freundschaftlicher Basis.» Tatsächlich scheint es so zu sein, dass Gefühle, im Sinne einer Vorwegnahme der möglichen Konsequenzen für unser Wohlbefinden, eine gedankliche Auseinandersetzung hervorrufen. Ein «schlechtes» Gefühl sagt uns gewissermaßen, dass wir genauer hingucken und die Lage bewerten sollen! Die Aufforderung, eine Sache «nüchtern» zu betrachten, also ohne Einbeziehung der Gefühle zu bewerten, ist äußerst riskant. Eine besonders schädigende Variante besteht darin, die Wahrnehmung in Frage zu stellen: «Du spinnst!» – «Das siehst du falsch!». Die Wahrnehmung wird frontal angegriffen und dem Menschen vermittelt, dass er sich täuscht. Doch worauf soll man sich verlassen, wenn nicht auf seine fünf Sinne? Die Botschaft «Deine Wahrnehmung ist falsch!» kann zutiefst verunsichernd wirken. Eine wirksame Entgegnung könnte lauten: «Du siehst das anscheinend anders. Wie kommst du darauf?»

7. Du musst stark sein!
Mögliche Kollateralschäden: Selbstüberforderung durch Verleugnung menschlicher Bedürfnisse nach Unterstützung und Beistand, Unsensibilität für menschliche Schwächen und Aufbau von Pseudo-Autonomie.
Die Bandbreite dieser Botschaft ist groß: «Sei stark!», «Streng dich an!», « Mach schnell!», «Sei perfekt!». Sie alle appellieren daran, «gut zu funktionieren». Doch dies bedeutet nicht unbedingt, sich «gut zu fühlen». Wer stark tut, obwohl er sich anders fühlt, entwickelt eine Schein-Stärke. Es ist wie mit einem Haus, bei dem die tragenden Teile zu schwach sind: Kleinste Erschütterungen können das Kartenhaus zum Einsturz bringen, unterschwellig bleibt die Angst, der Schwindel könne auffliegen. Ein stabiles Fundament bildet sich nur dann, wenn man sich zugesteht: «Respektiere dich und deine Grenzen», «Bleib ganz bei dir», «Lass dir Zeit und bleib gelassen». Solche

Haltungen bilden den Humus, aus dem eine tragfähige Stärke wachsen kann. Halten wir fest: Die größte aller Schwächen ist zu fürchten, schwach zu sein!

8. Das musst du abkönnen!

Mögliche Kollateralschäden: Verhärtung, Verlust an Sensibilität, Schutzpanzer bis zur Unbeweglichkeit.

Im Grunde ein Auslaufmodell falsch verstandener Männlichkeit nach dem Motto: «Nur die Harten kommen in den Garten.» Mitunter finden sich Empfehlungen wie «Das musst du wegatmen», «Sei nicht gekränkt!», «Augen zu und durch». Kurzfristig sind das eventuell sogar taugliche Tipps, langfristig haben sie fatale Folgen: Warnsignale des Körpers werden überhört, man agiert ohne Sinn und Verstand, weil man das Gespür für eine Situation und sich selbst verloren hat. «Hätte ich bloß auf mein Gefühl gehört», bedauert man dann im Nachhinein. Körperwahrnehmungen spielen ebenfalls eine große Rolle. Es sieht so aus, als würden Missempfindungen signalisieren, dass etwas nicht in Ordnung ist. Sie fungieren wie das rote Lämpchen im Auto: Wer es ignoriert, bringt sich in Gefahr!

9. Das Glas ist halbvoll!

Mögliche Kollateralschäden: Entwicklungspotenzial wird verschenkt, Verluste werden nicht angemessen betrauert.

«Du musst das halbvolle Glas sehen – sonst machst du es falsch», lautet ein häufig gehörter Appell. Doch dadurch wird eine einseitige Wahrnehmung gefördert, denn die Wahrheit ist: Das Glas war schon immer halb voll und halb leer! Warum sollen Sie auf den halbvollen Bereich schauen, der halbleere ist doch viel interessanter! Warum? Er enthält die Möglichkeit, da können Sie noch etwas hineintun! Und was tun, wenn das Glas bereits zerbrochen ist? «Unser Kopf ist rund, damit das Denken die Richtung wechseln kann», lautet ein Sinnspruch von Francis Picabia. Warum das Glas, sofern vorhanden, nicht von allen Seiten betrachten?

10. Schäm dich!

Mögliche Kollateralschäden: Man zieht sich ins Schneckenhaus zurück und vermeidet zukünftig scham- und angstbesetzte Situationen. Dadurch gerät man in einen Übungsrückstand, lernt nicht mehr dazu und ist noch stärker verunsichert.

«Das sollte dir peinlich sein» signalisiert, dass ein Verhalten oder eine Emotion unerwünscht sind. Dies kann sich auf eine Unbeholfenheit («Wie, Sie können das nicht?»), eine eigene Meinung («So dürfen Sie nicht denken»), einen bestimmten Wunsch («Sie sind doch kein Kind mehr») oder die Sexualität beziehen («Was sind denn das für seltsame Phantasien?»). Die Folge: Man macht es allen (andern) recht – außer sich selbst. Das Selbstbild trübt sich schamrosa ein, man denkt, «Mit mir stimmt was nicht», und verbirgt fortan die ureigensten Gedanken und Impulse.

11. Du musst was aus dir machen

Mögliche Kollateralschäden: Man wird zum Getriebenen, weil es nie genug ist. Dadurch verliert man die Freude an dem, was man bereits hat. Und: Man orientiert sich an den Vorstellungen anderer, statt bei sich selbst zu bleiben und in Ruhe herauszufinden, was man selbst für ein erfülltes Leben braucht.

An der Individualität soll gefeilt und die Marke «Ich» auf Hochglanz poliert werden. Es gilt flexibel zu sein, gut zu performen und zu zeigen, dass man alles aus sich herausholt. «Sie müssen mehr aus sich herauskommen, Sie sind zu introvertiert», bekam eine Kundenbetreuerin in einem Softwareunternehmen von ihrem Vorgesetzten zu hören. «Darf man denn gar nicht mehr zufrieden sein mit dem, was man ist und hat?», fragt sie sich.

Ich will so bleiben, wie ich bin

«Fordern und fördern», heißt die Devise, es darf kein Stillstand eintreten. Es gilt zu wachsen, sich weiterzuentwickeln und an sich zu arbeiten, und wenn es nicht weitergeht, hilft der Coach. «Ich will aber so bleiben, wie ich bin», sagt die Kundenberaterin, «so introvertiert bin ich gar nicht, mir gefällt es so.» Das ist ein wichtiger Punkt. Wir alle können sowohl intro- wie extrovertiert sein, denn das sind keine starren Persönlichkeitseigenschaften. Die schüchterne Kollegin aus dem Büro kommt auf der Technoparty ganz aus sich heraus, und die agile Geschäftsfrau genießt es, sich nach Feierabend ganz in Ruhe ihrem sentimentalen Roman hinzugeben. Die am Arbeitsplatz in sich gekehrte Sabine wird im Urlaub zur ausgelassenen Partyfee, der redselige Alexander im Kreis der Familie zum stillen Denker.

12. Du musst doch wissen, was du willst

Mögliche Kollateralschäden: Ein gewissenhaftes Für und Wider bei wichtigen Entscheidungen wird verhindert. Dadurch erstarrt man innerlich, eine konstruktive, fein abgewogene und gereifte Entscheidung bleibt aus. Man agiert aus der Angst heraus, weil man meint, schnell handeln zu müssen – und ärgert sich im Nachhinein darüber!

Gerade bei wichtigen Entscheidungen oder bei komplexen Problemen wohnen mehrere Seelen in unserer Brust. In solchen Phasen hat man nicht sofort ein eindeutiges Gefühl. Aus meiner psychologischen Praxis heraus weiß ich, dass dies sogar die Ausnahme ist. Meiner Erfahrung nach kommen Gefühle selten allein. Oft bilden sie sogar eine ganze Kakophonie. Mindestens ein Duo. Ambivalente Empfindungen und Gedanken zu haben, ist normal. Sogar die Regel. «Nein, ich weiß es noch nicht. Ich habe noch widersprüchliche Gefühle», entspricht dann der emotionalen Wahrheit. Ambivalente Gefühle sind authentisch. Allerdings widerspricht es dem Trend, dazu zu stehen. Eindeutigkeit ist angesagt. «Du musst klar sagen, was du willst», lautet eine typische Killerphrase der Ungeduldigen. Der Subtext lautet: «Und erspar mir bitte die Mühe, mich mit dir über deine Zweifel, Befürchtungen und Skepsis auseinanderzusetzen. Das macht Arbeit. Nimm sie mir bitte ab, indem du dich selbst darum kümmerst. Geh zum Therapeuten, lass dich coachen – aber belästige mich nicht damit!»

Hier beginnt das Dilemma: Unverfälschtheit ist gefragt, aber nur, wenn sie keine Probleme bereitet oder eine differenzierte Auseinandersetzung erfordert. Doch ambivalent zu sein, ist einer der unverfälschesten, ehrlichsten und authentischsten Gefühlszustände. «Sei der du bist!», heißt es. Okay: «Ich bin ambivalent – und stehe dazu!»

Was sagt Ihr Unter-Ich?

Die Botschaften der Gefühlsterroristen haben nur einen einzigen Zweck: Sie möchten die aus ihrer Perspektive «schlechten» Gefühle vertreiben. Wenn Sie sich deren Botschaften genauer ansehen, werden Sie feststellen, dass es ganz spezielle Emotionen sind, die Zwangsbespaßer als besonders bedrohlich empfinden. Sie bekämpfen sie wie der Teufel das Weihwasser, weil sie damit nicht umgehen können und ihr sonniges Weltbild nicht zulässt, dass es durch unangenehme Gefühle eingetrübt wird. Ich möchte Ihnen zeigen, welche das sind.

Der Horror der Zwangsbespaßer

Enttäuschung, Frustration, Unzufriedenheit, Ängstlichkeit, Hilflosigkeit und Ohnmacht, Hoffnungslosigkeit, Verzweiflung, deprimiert sein, Niedergeschlagenheit, schwarzsehen, Befürchtungen und Sorgen haben, Neid, Eifersucht, Scham und Verlegenheit, Alleinsein und Einsamkeit, sich klein und minderwertig fühlen, sich verletzt fühlen, gekränkt sein.

Ist es nicht seltsam, dass die ganze Weltliteratur sich mit genau diesen Gefühlen beschäftigt? Nichts ist spannender, als in einem Buch, einem Film oder Theaterstück die menschlichen Verwicklungen in emotional schwierigen Situationen zu betrachten. Denn darin erkennt man sich wieder. Sie scheinen zum Menschsein zu gehören wie die Luft zum Atmen. Und dieser spannende «Stoff» soll eliminiert werden?

Es ist das sogenannte Über-Ich, das diese Emotionen negativ beurteilt. «Die sind schlecht für dich», sagt es. «Du musst sie schnell überwinden, denn sonst geht es dir noch schlechter», so lautet die

Argumentation. Wenn man nicht aufpasst, glaubt man das auch! Der angepasste Teil unserer Persönlichkeit unterwirft sich dieser Logik, denn natürlich möchte man, dass es einem besser geht. Aber was würde wohl Pippi Langstrumpf dazu sagen? Würde Sie derartige «Du musst»-Appelle einfach so hinnehmen? Vermutlich nicht, denn Pippi verkörpert den freien, lebendigen und unabhängigen Teil unserer Persönlichkeit. Wie ein Kind in der Trotzphase würde es dem Über-Ich frech gegenübertreten und fragen: «Wieso?»

Wieso?

Das ist übrigens auch die Haltung der Sokratiker, die zur Schulung des freien Geistes gern naive Fragen stellen: «Wie kommen Sie darauf, dass das so ist?» – «Könnte es auch anders sein?» – «Gilt das für alle Menschen und zu jeder Zeit?». Derartige Fragen führen zu einer willkommenen Verwirrung des bisher als selbstverständlich hingenommenen Denkens. «Wir brauchen neue Fragen für alte Antworten», heißt es in einem Aphorismus. Sie ermöglichen es, Überzeugungen und Sichtweisen zu hinterfragen, damit wir uns eine eigene Meinung bilden können. Dadurch wird die Manipulierbarkeit durch andere geringer, und man schöpft mehr Wert aus sich selbst heraus. Ich sehe darin das Wirken eines polaren Prinzips: Wo es ein Über-Ich gibt, gibt es auch ein Unter-Ich. Dieses Unter-Ich betrachtet die Normen, Regeln und Gebote aus seiner eigenen Perspektive. Es möchte herausfinden, ob sie sinnvoll und lebensfreundlich sind und: Freude bereiten. In der Sprache Sigmund Freuds begegnen sich hier das Realitäts- und das Lustprinzip.

Ab in den Kleiderschrank

Die Psychoanalyse nennt den Mechanismus, durch den man sich die Werturteile der Eltern und wichtiger Bezugspersonen zu eigen macht «Identifikation». Wenn Sie in diesem Kapitel entdeckt haben, dass Sie einige der gefühlsfeindlichen Botschaften zu sehr verinnerlicht haben, rate ich Ihnen dazu, sich zu «des-identifizieren». Es ist wie mit einem alten Kleidungsstück, das Sie früher einmal ganz selbstverständlich getragen haben, weil Sie es gut fanden. Dann merken Sie, dass Sie sich verändern möchten oder bereits verändert haben, und legen es ab. Mit einer alten Denkweise können Sie es genauso handhaben, indem Sie sich sagen, «Sie gefällt mir nicht mehr und passt nicht mehr zu mir», und sie dann in den Kleiderschrank für ausgetragene Denkmuster hängen. Wenn Sie vom «Hardliner» zum «Zartliner» werden möchten, entdecken Sie Ihr Unter-Ich!

Überlegen macht überlegen

Würde es Ihnen gefallen, Ihre Denkmuster einmal systematisch zu überprüfen? Ich zeige Ihnen, wie das geht. Dazu müssen Sie lediglich Abstand halten, denn aus sicherer Distanz sieht man besser. Begeben Sie sich auf die Meta-Ebene und machen Sie sich Meta-Gedanken. «Was soll das denn sein?», fragen Sie vollkommen zu Recht. Das sind Gedanken über Gedanken. Es ist, als ob Sie ein Auto auf die Hebebühne fahren und es mit der Taschenlampe von allen Seiten auf seine Funktionstüchtigkeit beleuchten.

Denken lohnt sich – wenn man's richtig macht

Genauso können Sie Ihre Gedanken auf den Prüfstand stellen, um nach Fehlerquellen zu suchen. Der Hamburger Psychotherapeut Harlich H. Stavemann hat das Modell des «Gedanken-TÜV» entwickelt. Er sagt: «Unsere Gefühle werden durch die Art und Weise unseres bewussten oder unbewussten Denkens und Einschätzens, durch unsere verinnerlichten oder spontanen Werturteile gesteuert.»

Bevor Sie mit der Untersuchung beginnen, möchte ich Sie darauf hinweisen, dass vermutlich nicht alles, was Sie denken, einer näheren Prüfung standhält. Aber seien Sie nicht enttäuscht – denn das, was andere über Sie denken, auch nicht! Ich möchte Sie ermuntern, jede Überzeugung, die Ihnen bislang selbstverständlich vorkam, einem Gedanken-TÜV zu unterziehen. Dies ist der zentrale Schritt auf Ihrem Weg zu größerer Authentizität. Sie kommen dadurch mehr in Einklang mit sich selbst, weil Sie selbst entscheiden, an welchen Überzeugungen, Werten und Normen Sie sich orientieren wollen. Doch jetzt geht's los. Machen wir einen Probedurchlauf.

Einmal durchchecken, bitte!

Julia Carlsberg, eine junge Architektin, ist der festen Überzeugung, dass sie unzulänglich ist:

«Andere sind viel besser als ich. Ich bekomme wenig Anerkennung und habe es nicht besser verdient, schließlich war ich im Studium phasenweise faul. Eigentlich bin ich nichts wert. Ich denke oft, dass ich ein ‹Nichts› bin. Ich bin neidisch auf meinen Freund, dem fällt vieles leichter. Ich weiß, ich sollte so nicht denken, aber so ist es nun einmal. Vermutlich werden Sie mich dafür auslachen. Manchmal möchte ich alles hinwerfen und was ganz anderes machen.»

1. Der Normencheck

«Ich weiß, ich sollte nicht so denken», sagt Julia Carlsberg. Doch wer sagt das? Aus der Sicht der Tiefenpsychologie tragen wir alle eine normgebende Instanz in uns, das Über-Ich. Es beinhaltet den ganzen Fundus der im Laufe der Jahre gelernten Regeln, Gebote und Erlaubnisse. Der Begriff beschreibt treffend, dass von einer höheren Warte aus betrachtet wird, ob alles im Sinne der gesellschaftlichen und familiären «Gesetze» in Ordnung ist. Eine wesentliche Aufgabe, die für das Zusammenleben wertvoll ist. Doch Menschen und die sozialen Gegebenheiten verändern sich, sodass nicht mehr alle Regeln up to date sind. Manche haben sich überlebt oder ihren Sinn verloren. Dann ist es notwendig, sie zu überprüfen, aufzugeben oder neu zu formulieren. Das ist oft mit Angst verbunden, denn die alten Regeln haben Sicherheit gegeben. Man hat sich an sie gewöhnt und nicht weiter darüber nachgedacht. Das ist durchaus ökonomisch, denn wenn man bei jeder Kleinigkeit erst stundenlang überlegen müsste, nach welcher Norm man sich verhalten will, käme man zu gar nichts mehr. Im Umgang mit den eigenen Gefühlen ist jedoch besondere Sorgfalt geboten. In diesem Kontrollgang prüfen Sie gezielt, welche Gebote und Verbote in Ihrem Denken enthalten sind, und gehen dann der Frage nach, von wem diese stammen. Am Ende ziehen Sie Bilanz: Kann ich zu den Normen stehen? Welche sind «verrostet»? Was muss nachgebessert werden?

> *«Ich weiß selbst nicht so genau, warum ich denke, dass ich nicht neidisch sein sollte. Irgendwie ist das ein Tabu. Ist es nicht sogar eine Sünde? Man soll dem andern doch was gönnen. Jedenfalls wurde ich so erzogen. Aber ich bin nun mal neidisch, weil ich auch gern so sein möchte. Das ist doch nicht verwerflich, oder?»*

Nein, ist es nicht!

2. Der Funktionscheck

In der zweiten Runde geht es darum herauszufinden, ob Ihr Denken zielführend ist. Die Nützlichkeit wird durchgecheckt. Hilft mir diese Art zu denken dabei, langfristig mein Ziel zu erreichen?

> *«Meine Art zu denken verändert gar nichts. Wenn ich mich ausschließlich mit den Besseren vergleiche, füttert das meine ‹Nichtigkeit›. Und mein Ziel, mehr Anerkennung zu bekommen, erreiche ich so auch nicht.»*

So funktioniert es also nicht! Um Ihr Gedankenfahrzeug auf Sicherheit zu überprüfen, können Sie sich zwei weitere Prüffragen stellen: «Welche Denkweise schädigt mich am meisten?» und «Durch welche gewinne ich am meisten?».

> *«Der Gedanke, dass ich es nicht besser verdient habe, ist eindeutig schädlich! Er verhindert, dass ich an mich glaube, und führt*

dazu, dass ich resigniere. Dadurch verliere ich jegliches Selbstbe-
wusstsein.»

«Gewinnbringend könnte es sein zu überprüfen, ob ich wirklich
ewas anderes machen möchte. Es könnte sich lohnen, mir dafür
Zeit zu lassen, um herauszufinden, ob ich den richtigen Beruf
habe. Oder mal aufschreiben, was mich unabhängig von meiner
Arbeitsleistung wertvoll macht.»

Wie Sie sehen, führt die Inspektion bereits da zu alternativen Sichtweisen. Gut so!

3. Der Hedonistencheck

Nun geht es um den freudigen Aspekt: Welchen Lustgewinn bringt
mir dieses Denken? Hilft es mir dabei, mein Bedürfnis zu befriedi-
gen oder einen Wunsch zu erfüllen? Verbessern mein Denken und
das daraus resultierende Verhalten langfristig meine Lebensqualität,
ist es lebensfreundlich?

Eine besondere Rolle spielt die Frustrationstoleranz. Ist sie gering, bauen wir zu wenig Spannung auf, die aber dringend erforderlich ist, um langfristige Ziele zu erreichen. Eine selbstkritische Frage
ist da angebracht: «Dient meine Einstellung lediglich der kurzfristi-
gen Entspannung?» Suchtmittel zu konsumieren, bringt kurzfristig
eine Entlastung. Der kurzfristige Lustgewinn besteht darin, sich ent-
spannen und einem Konflikt aus dem Weg gehen zu können. Die
Nebenwirkungen liegen darin, dass man Probleme vor sich her-
schiebt, keine Lösungsstrategien mehr entwickelt und die Diskrepanz zwischen Anspruch und Wirklichkeit größer wird.

«Wenn ich mich selbst für minderwertig erkläre und als ‹Nichts›
deklariere, vergrößert das mein Unbehagen. Das ist nicht lebens-
freundlich und daran ist nichts Lustvolles. Im Gegenteil, es scha-
det mir sogar. Allerdings hilft es mir dabei, alle Verantwortung
abzugeben und meinen inneren Druck kurzfristig loszuwerden.

Von einem ‹Nichts› kann man schließlich nichts mehr erwarten,
oder?»

Sie können fortfahren wie die Terrorfahnder am Flughafen. Durch-
leuchten Sie jeden Gedanken auf gefährlichen Sprengstoff. Es kann
geschehen, dass Sie gar nichts aufspüren, weil sich dahinter einfach
keine Substanz finden lässt. «Dumm geboren, nichts dazugelernt
und die Hälfte wieder vergessen», diesen Spruch bekam Julia Carlsberg oft zu hören. «Im Grunde Blödsinn», sagt sie. Entdecken Sie
jedoch einen schädlichen Gedanken, machen Sie sich umgehend daran, ihn zu entschärfen:

> *«Mich als ‹Nichts› zu deklarieren, ist wirklich gefährlich. Es be-*
> *droht meinen Selbstwert und ich laufe Gefahr, zum Spielball*
> *anderer zu werden.»*

4. Der Wahrscheinlichkeitscheck

Auf dieser Stufe werden die Annahmen Ihres Denkens näher betrach-
tet. Enthalten diese ungeprüfte Unterstellungen, die sich auf andere
Menschen, den Ausgang eines Ereignisses oder die Zukunft beziehen?
Ist darin eine positiv oder negativ formulierte Hellseherei verborgen
(«Es wird garantiert gut gehen» / «Alle werden mich auslachen»)? Am
Ende soll eine nüchterne Einschätzung stehen: Wie wahrscheinlich ist
es, dass meine Vermutung oder Befürchtung eintritt?

> *«Nein, es ist nicht sehr wahrscheinlich, dass ich ausgelacht werde.*
> *Es kann sein, dass Einzelne damit nicht umgehen können, aber*
> *ich glaube nicht, dass meine besten Freunde über mich lachen*
> *werden.»*

5. Der Logikcheck

Im letzten Prüfdurchgang fragen Sie sich, ob Ihr Denken in sich logisch und frei von Widersprüchen ist. Sie testen, ob Sie die Argu-
mente Ihres Denkens und Ihrer Überzeugungen wirklich verstehen.

*«Es ist eigentlich nicht logisch, dass ich weniger wert bin, nur
weil ich manches nicht so gut kann. Mein Freund kann nicht so
gut kochen, aber deswegen werte ich ihn nicht ab.»*

«Von nix kommt nix», heißt es, aber auch: «So was kommt von so
was.» Wer sich für wertlos erachtet, braucht sich nicht zu wundern,
dass seine Selbstachtung leidet und andere ihn nicht ernst nehmen.
Das ist der Preis, den man dann zahlt!

Zielsichere Mückenstiche

Haben Sie schon einmal die Erfahrung gemacht, dass es Ihnen
schlecht geht, ohne dass Sie genau wissen warum? Dann sind Sie in
guter Gesellschaft. Den meisten geht es so. Situationen, in denen
man sofort den Auslöser für ein Unbehagen erfassen kann, sind
überschaubar: Gravierende Verluste, körperliche Schmerzen und ob-
jektive Belastungen wie Bedrohungen oder offene Missachtung gehören in diese Kategorie. Doch wie sieht es mit Situationen aus, in
denen der Eindruck entsteht, jemand mache aus einer Mücke einen
Elefanten? Der Psychotherapeut Ernstfried Hanisch ist der Ansicht,
dass bei genauer Betrachtung sich niemand ohne Grund aufregt. Der
«Mückenstich» verweist ziemlich genau auf die wunden Punkte des
Betreffenden. Die Weidegründe des Elefanten liegen allerdings meist
gut in der Lebensgeschichte verborgen. Was tun Sie, wenn Sie in der
Nacht von einer Mücke geplagt werden? Vermutlich werden Sie versuchen, dem Plagegeist den Garaus zu machen. Doch nicht immer
ist er sofort zu entdecken. Sie werden dann das Licht einschalten und
sich auf die Suche begeben. Nicht anders verhält es sich, wenn es
Ihnen scheinbar grundlos schlecht geht. Sie kommen dann nicht
umhin, Licht in die dunklen Ecken Ihrer Persönlichkeit zu werfen,
um nach den wahren Ursachen zu forschen.

Unter einer Decke?

Aus Erfahrung weiß ich, dass die Gefühlsterroristen sich mit ihren zerstörerischen Botschaften unbemerkt in den Gefühlshaushalt einschleichen können. Dann treiben die Hardliner der Gefühlsferne so lange ihr Unwesen, bis sie entdeckt werden. Es kommt sogar vor, dass Sie gemeinsam mit ihnen unter einer Decke gesteckt haben, ohne es zu merken. Das ist zum Beispiel der Fall, wenn Sie den entwertenden Botschaften nicht wirklich entgegentreten. Sie äußern eine Missstimmung und ernten Unverständnis und Ablehnung: «Sei nicht so empfindlich!», «Nimm doch nicht alles gleich persönlich!», «Was hast du denn auf einmal?». Und Sie knicken ein und nehmen sich selbst wieder zurück. Ohne es zu wollen, greifen Sie zu den gleichen Methoden wie die Gefühlsverleugner.

Vorsicht, Falle!

bagatellisierend: «Ach, schon gut, ich habe halt einen schlechten Tag.»
selbstanklagend: «Ja, ich weiß, ich komme mir selbst so blöd vor.»
verleugnend: «Schon gut, es ist nichts.»
schuldzuweisende Gegenoffensive: «Es liegt an dir, du weißt doch, dass ich das nicht leiden kann.»

Schon haben Sie kollaboriert. Sie haben Gefühle unterdrückt, die nicht erwünscht waren, und damit einen wertvollen Zugang zu Ihren Bedürfnissen verschüttet. Sie haben die Verantwortung in Sekundenbruchteilen abgegeben. Wie blitzschnell das gehen kann, zeigt die Erfahrung von Miriam Uckert. Sie ist eine gestandene Frau von 57 Jahren und war viele Jahre im Ausland tätig. Im Laufe ihres Berufslebens als Referentin für Bildungsfragen hat sie gelernt, sich durchzusetzen. Doch im Privatleben gelingt ihr das nicht. Aus scheinbar unerklärlichen Gründen ist sie gehemmt, wenn es darum geht, im Kreis der Familie ihr Unbehagen mitzuteilen.

Die Fahne auf dem Dach

«Meine Familie ist sehr erfolgsorientiert. Statussymbole und gesellschaftliche Anerkennung haben einen hohen Stellenwert. Meine Brüder sind äußerst erfolgreich, und es ist Usus, sich bei jedem Treffen die neuesten Erfolge zu berichten. Schwierigkeiten, Bedenken oder Ängste scheint es nicht zu geben. Hätte unsere Familie eine Fahne auf dem Dach, würde darauf stehen: ‹Wir haben alles im Griff!› Für Schwächen oder Konflikte gibt es keinen Raum, alle tun so, als gäbe es sie nicht. Dabei brodelt es unter der Oberfläche ganz gewaltig.»

Ein solches Arrangement ist gar nicht so selten. Jede Familie pflegt ihre Riten und hat ihre Tabus. In der Familie von Miriam Uckert werden Gefühle gewohnheitsmäßig unter den Teppich gekehrt. Man vergewissert sich gegenseitig, wie toll man ist. Gefühle zu zeigen, wird als Schwäche ausgelegt. Sie wären ein Beweis dafür, dass man sich und die Situation nicht «im Griff» hat. Es ist typisch, dass niemand auf die Idee kommt, dieses heimliche Abkommen zu hinterfragen: Was ist eigentlich so schlimm daran, mal nicht weiterzuwissen?

Mehr Schein als Sein

Miriam Uckert hat sich diese Frage zunächst selbst gestellt – und beantwortet:

«Mir wurde klar, dass ich mich habe blenden lassen. Da war viel mehr Schein als Sein. Ich fühlte mich schon seit vielen Jahren unwohl mit diesem ‹Geprotze› und habe mich gefragt, wovor ich mich eigentlich fürchte, wenn ich das anspreche. Es war die Angst, mit meinem Verdruss von meinen Geschwistern nicht ernst genommen zu werden. Und das in meinem Alter! Das hat an meinem Ego genagt, denn ich wollte zumindest in der eigenen Familie einmal in meinem Leben die Erfahrung machen, dass

meine Gefühle ernst genommen werden. Es hat mir geholfen, mir
klarzumachen, dass ich selbst bei einer abwehrenden Reaktion
nicht sterben würde.»

Die Ängste, die Miriam Uckert entdeckt hat, kennen Sie vermutlich
in ähnlicher Weise auch. Insbesondere Frauen sind empfänglich für
unterschwellige Botschaften wie «Du bist falsch, wenn du nicht unseren Erwartungen entsprichst». In ihrem Beispiel wird deutlich, wie
tief die Ängste vor Ablehnung und Entwertung gehen können. Meist
tauchen sie auf, wenn wir unbekanntes Terrain betreten und die
Spielregeln des Elternhauses verändern wollen.

«Da habe ich mich in der Sauna in meiner Familie zum ersten
Mal getraut zu sagen, dass es mir in dieser Runde schlecht geht.
Es herrschte zunächst ein eisiges Schweigen. Doch nach einer
Weile sagte mein Bruder: ‹Mir geht es manchmal auch so.› Es
war, als hätten wir die Tür eines selbstgebauten Gefängnisses ein
wenig geöffnet. Es lief etwas stockend, aber wir sind ins Gespräch
miteinander gekommen und haben uns zumindest für einige Mi-
nuten getraut, darüber zu sprechen, was uns fehlt. Ich kann es
kaum glauben, aber es ist wirklich passiert.»

Welche Botschaft in Bezug auf Gefühle steht auf der Flagge Ihres
Elternhauses?

Positiv-Aktivisten bei der Arbeit

Die Oberflächenbesetzer und Positiv-Aktivisten schlagen gerade
dann erbarmungslos zu, wenn Sie sich mit Ihren wahren Gefühlen
zeigen. Hier eine Sammlung von Entgegnungen auf Gefühlsmittei-
lungen, die mir im Laufe der Zeit berichtet wurden:

Ich bin unzufrieden. – Anderen geht es doch noch viel schlechter!
Ich habe Geldprobleme. – Na ja, Geld macht nicht glücklich!
Mir geht es schlecht. – Denk positiv!

Ich bin traurig. – Kopf hoch, wird schon werden!

Ich habe Angst. – Du brauchst aber keine Angst haben! / Bist du eine Memme, oder was?

Ich vermisse ihn so sehr. – Guck nach vorn. Andere Väter haben auch nette Söhne.

Ich fühle mich so allein. – Dann geh doch unter die Leute. / Das musst du aber nicht, ich bin ja da!

Ich mache mir Sorgen. – Das bringt doch nix!

Ich bin verzweifelt. – Du bist wohl depressiv!

Ich könnte im Boden versinken, das ist mir so peinlich. – Dafür musst du dich doch nicht schämen.

Ich fühle mich leer und ausgebrannt. – Mach mal Urlaub. / Das renkt sich wieder ein.

Mir fehlt ein Partner. – Bestell dir doch einen beim Universum.

Ich bin überlastet, weiß gar nicht mehr, wo mir der Kopf steht. – Augen zu und durch.

Meine Migräne hat wieder zugeschlagen, ich habe brüllenden Kopfschmerz. – Es gibt Schlimmeres! / Soll ich dir mal auf den Fuß treten, dann hast du woanders Schmerzen.

Ich bin verärgert. – Da musst du drüber stehen

Mitunter können die Abwehrspezialisten der schlechten Gefühle sogar mit angenehmen Empfindungen nichts anfangen:

Ich bin glücklich. – Na, ob das lange anhält!

Ich freue mich so! – Na, nun übertreib mal nicht, so toll ist das auch nicht.

Ich bin so stolz. – Das hättest du aber bestimmt noch besser gekonnt. / Dummheit und Stolz sind aus einem Holz.

Wäre Ihnen eine passende Entgegnung eingefallen? Würden Sie sich von Ihrem Gegenüber verstanden fühlen? Vermutlich nicht. Das ist vollkommen verständlich, denn Ihr Gegenüber hat sich ja auch keine Mühe gegeben. Alle Entgegnungen nehmen die emotionale Befindlichkeit nicht ernst oder versuchen, dem anderen dessen Gefühle auszureden.

Wir vergegnen uns

Der Religionsphilosoph Martin Buber hat derartige Dialoge in einem Wortspiel zusammengefasst: «Wir vergegnen uns.» Es sind die fehlende Empathie, das ausbleibende freudige Mitschwingen und die Unfähigkeit, sich in die Gefühlslage eines anderen Menschen hineinzuversetzen, die eine Begegnung unmöglich machen. Einander ausreden lassen, wiedergeben, was man verstanden hat, und die Bereitschaft, eigene Ansichten in Frage stellen zu lassen, beleben ein Gespräch. Ich plädiere dafür, dem guten alten «Einfühlungsvermögen» wieder mehr Wertschätzung entgegenzubringen. Im Unterschied zum Begriff «Empathie» verweist es nämlich auf den darin verborgenen Reichtum, im Wortsinne das «Vermögen»!

Nie wieder Krieg – mit sich selbst!

Fassen wir noch einmal zusammen: Mit «Du musst»-Botschaften werden dem Leidenden Stempel aufgedrückt. Er wird in die Schublade der Spaßbremse gesteckt und dadurch entsorgt. Man muss sich nicht auf eine unbequeme Auseinandersetzung einlassen, erfährt allerdings auch nichts Näheres. Der soziale Kontakt verflacht. Die Mühsal des nuancierten Kennenlernens bleibt den Terroristen erspart. Sie können sich wie Sonnenkönige fühlen und das Gegenüber in ihrem Schatten als Miesepeter disqualifizieren. Das hebt das Selbstwertgefühl ungemein. Sie kennen sicher das Bonmot von Karl Kraus, dass auch Zwerge Schatten werfen, wenn die Sonne der Kultur niedrig steht. Hier scheint es zuzutreffen.

Der größte Schatz

«Ich habe eine Freundin, da kann ich so sein, wie ich gerade bin. Das ist mein größter Schatz», sagt eine 25-jährige Studentin und ergänzt:

«... das ist mein größtes Glück.» Wie Sie im Laufe des Buches noch sehen werden, liegt genau in dieser achtsamen und annehmenden Art unser größter Schatz. Es gibt einen großen Hunger danach, andere daran teilhaben zu lassen, wie es einem wirklich geht. Wie ein Verdurstender in der Wüste brauchen wir dann Signale der Akzeptanz und Wertschätzung – unabhängig davon, wie es uns gerade geht. Die Botschaft «Du bist okay, wie du bist und wie du fühlst» ermöglicht erst einen gelassenen Umgang mit den schwierigen und unangenehmen Gefühlen. Auf diesem Boden des Sich-angenommen-Fühlens erwächst die Zuversicht und Kraft für eine Wende zum Besseren. Wer ist Ihr größter Schatz?

IV. Vertrau deinem Gefühl, auch wenn es ein schlechtes ist

Wozu schlechte Laune gut ist

Die Aufforderung, den unangenehmen Gefühlen zu vertrauen, ruft vermutlich zwiespältige Empfindungen wach. Einerseits möchte man die schlechten Gefühle schnell wieder loswerden, andererseits hat man erfahren, dass dies «mal so eben» gar nicht möglich ist. Es bleibt einem zunächst nichts anderes übrig, als zu akzeptieren, dass sie da sind. In manchen Ratgebern findet sich sogar die Empfehlung, man solle diese problematischen Gefühle annehmen und sich selbst lieben. Aus vielen Beratungen weiß ich, wie schwierig das ist.

Das Dilemma

Wie soll man einen ungebetenen Gast, der sich ohne zu fragen in den eigenen vier Wänden eingenistet hat, willkommen heißen oder sogar annehmen? Viele Menschen überfordern sich mit diesem Anspruch, und die Gefahr, daran zu scheitern, ist groß. Man steckt in einem Dilemma, weil es zugleich heißt: «Erst wenn du deine Gefühle annehmen kannst, wird es dir besser gehen.» Doch es ist diese «Erst-wenn-dann»-Verknüpfung, die problematisch ist. Im Umkehrschluss bedeutet sie, dass man dazu verdammt ist, unglücklich zu bleiben, wenn es nicht gelingt, diese anzunehmen. Dies wiederum begünstigt schuldhafte Gedanken: «Ich bin also selbst schuld, wenn es mir nicht besser geht.» Man scheitert an den eigenen Ansprüchen und erlebt sich folgerichtig erneut als Versager. Diese Selbstverurteilung ruft dann wieder schlechte Gefühle hervor, und das Spiel geht von vorne los. So geht es also nicht!

Ich empfehle Ihnen einen anderen Weg. Sie müssen nicht «Hurra!» rufen, wenn Sie in triste Stimmungen geraten. Sie brauchen diese dunklen Gefühlsstimmungen nicht wie Ihre beste Freundin zu umarmen. Es reicht vollkommen, anzuerkennen, dass sie da sind. Akzeptieren Sie den Tatbestand und respektieren Sie die Fakten. Dies hat den Vorteil, dass Sie keine Energie mehr in die Verleugnung und Abwehr stecken müssen. Streben Sie eine friedliche Koexistenz an. Erst dadurch werden ein Dialog und eine fruchtbare Auseinandersetzung möglich. Sie vollziehen damit einen wichtigen Schritt, denn Sie fangen an, die Dinge so zu sehen, wie sie sind, und nicht, wie Sie sie gerne hätten. Bärbel Uhland, Ingenieurin und Mutter zweier pubertierender Kinder, hat einen ganz pragmatischen Umgang mit ihren dunklen Gefühlszuständen gefunden:

> «*Ich begegne ihnen distanziert, aber freundlich. Obwohl sie mich am Anfang stören, habe ich im Laufe der Jahre gemerkt, dass sie mich auf Ungereimtheiten in meinem Leben aufmerksam machen. Ich begrüße sie und sage: ‹Na, ihr Lieben! Ich weiß zwar nicht, was ihr mir diesmal für Nachrichten mitbringt oder welche Lektion ich lernen soll. Aber was immer es ist: Ich will versuchen, eure Botschaft möglichst schnell zu begreifen, damit ihr mich nicht so bald wieder mit eurer Anwesenheit beehrt.›*»

Nabelschau

Diese Haltung hat sie sich erarbeitet.

> «*Früher habe ich diese Form der Selbstauseinandersetzung als überflüssige Nabelschau abgetan. Ich habe sie vermieden und darauf reagiert wie eine Katze, die man baden will!*»

Bärbel Uhland hat im besten Sinne aus der Not eine Tugend gemacht. Sie hat das Unvermeidliche akzeptiert und gelernt, sich selbst respektvoller zu begegnen. Und das können Sie auch! Ich möchte Sie ermutigen, zu all Ihren Gefühlen zu stehen. Nicht mehr oder weniger. Dabei möchte ich Ihnen nicht im Stile der Zwangsoptimisten vormachen, dass dies leicht ist. Aber darauf würden Sie ja nun auch nicht mehr hereinfallen. Sie haben die Tricks der «Positivisten» längst durchschaut. Halten wir ehrlich fest: Sich selbst mit den dunklen Stimmungen und düsteren Gedanken anzunehmen, ist keine einfache Aufgabe. Doch es ist gut zu wissen, dass daraus keine Liebesbeziehung werden muss!

Ich bin, wie ich bin

Zu sich selbst zu stehen ist meines Erachtens eine der wichtigsten Fähigkeiten im Umgang mit den eigenen Gefühlen. Es kann sein, dass Sie bereits ahnen, wie viel Kraft man sparen kann, wenn man sich selbst nicht mehr verleugnet. Ehrlich zu sich selbst sein zu können und den Mut zu haben, eine innere – gefühlte – Wahrheit in eine Beziehung einzubringen, ermöglicht zwischenmenschliches Wachstum. Wahrhaftige und authentische Begegnungen sind erfüllender als solche, in denen man dem Gegenüber etwas vormacht.

Fühlen für Männer

Doch nicht nur im Privaten, auch im Beruflichen können Gefühle weiterhelfen. Die moderne Hirnforschung belegt eindrucksvoll, wie sehr wir bei Entscheidungen auf unseren emotionalen Gedächtnisspeicher zurückgreifen. Das alte Gegensatzpaar von Gefühl oder Verstand gilt es in einen angemessenen Dialog zu bringen, also: mit Gefühl und Verstand! Es wäre geradezu unvernünftig, nicht auf seine Gefühle zu hören. Viele Männer haben allerdings noch gelernt, dass Gefühle irrational sind und damit keinen Wahrheitsgehalt haben. Welch ein Irrtum! Mögen Sie Wortspiele, die vermeintliche Gegensätze vereinen? Wie wäre es, eine emotionale Rationalität und eine rationale Emotionalität zu entwickeln und sich guten Gewissens darauf zu berufen?

Tote Männer fühlen nicht

Es gibt Branchen und Berufe, denen man nachsagt, dass Gefühle dort gering geschätzt werden. Man gibt sich betont cool und sachlich, eben klischeehaft männlich. Sie kennen den Scherz «Tote Männer fühlen nicht»? Dann wissen Sie, wovon ich rede. Ingenieure und Naturwissenschaftler gelten als verkopft, und im Finanzsektor werden nüchtern Fakten und Zahlen geprüft. Da ich im Coaching und in Workshops mit diesen Berufsgruppen zu tun habe, ist mir aufgefallen, dass sie dazu neigen, emotionale Regungen möglichst früh abzudämpfen. Was jedoch nicht heißt, dass diese nicht da wären! Sie verschaffen sich auf Umwegen, meist über körperliche Beschwerden, erhöhte Reizbarkeit und scheinbar irrationale Ängste, wieder Gehör. Ein leitender Ingenieur im Maschinenbau berichtete von unkontrollierten Wutausbrüchen in der Familie und seltsamen «Regungen»:

«Urplötzlich hatte ich den Impuls, unseren Hund zu treten. Meine Wutausbrüche wurden unkontrollierter, und aus heiterem Himmel hatte ich einen exorbitant hohen Blutdruck und Herzrhythmusstörungen. Dann habe ich mich bei Phantasien erwischt, meinem Vorgesetzten mitten im Gespräch an die Gurgel zu gehen und ihm den Hals umzudrehen. In einem ruhigen Moment bei meiner Hausärztin bin ich zusammengebrochen.»

Wie man an diesem Beispiel sieht, ist der Mensch kein Roboter. Anzug oder Kostüm zwingen zwar äußerlich zur Wahrung der Form, doch früher oder später verlangt die menschliche Natur ihr Recht. Aufgestaute Gefühle suchen sich dann ihren Weg.

Im Berufsleben wird ein korrekter Umgang erwartet, und den können Sie auch mit sich selbst pflegen. Ich möchte Sie einladen, Ihre emotionale Ebene präzise zu erforschen. Dieser Ihnen aus der Berufswelt sicher vertraute, nüchtern-sachliche Sprachmodus macht es möglicherweise leichter, mit einer beruhigenden Distanz – quasi als Wissenschaftler in eigener Sache – bislang gedämpfte Emotionen wahr- und damit ernst zu nehmen. Sie verfügen damit über einen Weg, Gefühle anzusprechen, ohne dieses unangenehme, nur «Warmduschern» und «Weicheiern» zugestandene Wort überhaupt in den Mund zu nehmen. Es kann eine ungeheure Entlastung darstellen, sachlich über Emotionen reden zu dürfen und zu können! Denn in Gesprächen ist mir oft die Furcht begegnet, nicht mehr arbeitsfähig zu sein, wenn man sich einmal auf die Gefühlsebene begeben hat, oder als nicht belastbar zu gelten. Dumme Sprüche sind durchaus an der Tagesordnung:

«Na, haben Sie Ihre Gefühle etwa nicht im Griff?» – «Sind Sie ein Mann oder eine Memme?» – «Läuft's zu Hause denn nicht so richtig?» – «Ihre Gefühle interessieren mich nicht, ich will Leistung sehen!» – «Schlafen Sie mal richtig aus, dann legt sich das wieder!»
Kennen Sie derartige Kommentare?

Fühlen lohnt sich

Solche Bemerkungen sind töricht, denn Gefühle enthalten Informationen, die für unser seelisches und zwischenmenschliches Gleichgewicht von Bedeutung sind. «Was sagt dir dein Gefühl?», ist auch für Männer eine lohnende Fragestellung. Jürgen Voss, Führungskraft bei einem Finanzdienstleister, ist darüber verärgert, dass er bei einer Beförderung nicht berücksichtigt wurde. Er fühlt sich übergangen und nicht gewürdigt, schwankt zwischen Resignation und Wut: «Phasenweise bin ich vollkommen deprimiert, dann wieder zornig und enttäuscht.» Zugleich hat er Angst, dies offen anzusprechen. Was sagen ihm nun seine Gefühle? Schritt für Schritt studierten wir seine Emotionen, hier die Kurzfassung:

Sein Ärger informierte ihn darüber, dass er mit dieser Entscheidung nicht einverstanden ist.
Sein Gefühl, nicht gewürdigt worden zu sein, macht ihm deutlich, dass er sich für durchaus kompetent hält und dies auch anerkannt haben will.
Die Angst zeigt ihm, dass bei einer Konfrontation die Machtverhältnisse im Unternehmen zu berücksichtigen sind und unüberlegtes Handeln fehl am Platz ist.

Seine Gefühle stellen ihm eine Menge Informationen zur Verfügung, die er zunächst im stillen Kämmerlein zu bewerten hat, um eine für ihn angemessene Strategie zu erarbeiten. Würde er zur Tagesordnung übergehen und alle Emotionen im Keim ersticken, wäre eine Weiterentwicklung blockiert. Er würde weiterhin wie ein Roboter funktionieren und liefe Gefahr, in ein depressives Loch zu fallen.

Die wärmende Kraft der Selbstfürsorge

Der renommierte Depressionsforscher Daniel Hell antwortete in einem Interview auf die Frage, was die beste Prävention gegen Depressionen sei, ohne zu zögern: «Das eigene Erleben zulassen.» Ich stimme ihm vorbehaltlos zu. Wenn es Ihnen gelingt, Ihre Gefühle anzuerkennen, statt sich dagegen zu wehren, unterbrechen Sie den Teufelskreis der Selbstablehnung. Dies ist in Momenten, in denen Sie sich elend fühlen, sicher nicht leicht. Doch was ist die Alternative? Noch mehr Kraft aufzuwenden, um sich im Kampf gegen sich selbst als heroischer Sieger fühlen zu können? Nein, die bessere Wahl liegt meiner Ansicht nach darin, sich diesen trüben Stimmungen achtsam «hinzugeben», sie für eine Weile auszuhalten und zu durchleben.

Denn nur dieser Weg erhöht die Chance, bei sich selbst anzukommen.

Die bekannte Managementtrainerin Sabine Asgodom berichtet, wie sie der Einsamkeit begegnet, die sie manchmal allein in einem anonymen Hotelbett überkommt. «Ich habe mein kleines ‹Mäh› dabei, ein wollenes Schaf, an das ich mich nach einem anstrengenden Arbeitstag kuscheln kann.» Welchen tröstenden Talisman haben Sie?

Auch das Denken schadet zuweilen der Gesundheit (Aristoteles)

Es gibt das Vorurteil, dass ein depressiver Mensch nichts fühlt. Dem ist jedoch nicht so. Gerade in depressiven Phasen ist emotional eine Menge los. Weil die inneren Turbulenzen jedoch schmerzliche Empfindungen und unangenehme Gefühlslagen beinhalten, mit denen die Betreffenden überfordert sind, greifen sie zu der prägnanten Formulierung: «Ich bin depressiv, ich fühle nichts mehr.» Das ist eine entlastende Äußerung über ein äußerst belastendes Erleben. Und so zugleich ein wichtiger Schutz, denn nichts mehr zu fühlen oder fühlen zu müssen ist ein wirksames Mittel, peinigende Gefühle und Gedanken, denen man hilflos gegenübersteht, von sich fernzuhalten. Diese Gefühlsdistanz muss nicht schlecht sein; oft hilft sie dabei, aus sicherer Entfernung zu erkennen, worum es überhaupt geht. So wie bei einem Waldbrand ein Helikopter wertvolle Dienste leistet. Man kann sich einen Überblick verschaffen und erkennen, an welchen Stellen es am meisten brennt und wo noch alles in Ordnung ist. Dann ist die Frage erlaubt: «Und was fühlen Sie nicht mehr?» – «Mir ist meine Lebensfreude abhanden gekommen. Ich habe keine Hoffnung mehr.» Eine Entgegnung könnte dann lauten: «Das ist aber traurig» – «Ja, das ist traurig.»

Das Eis schmilzt

Ein weiterer Irrtum besteht darin zu glauben, dass in Zeiten einer depressiven Stimmung nichts geschieht. Viele erleben zwar quälende Phasen der Leere und Lähmung, doch im Untergrund bereitet sich nicht selten schon ein Wandlungsprozess vor. Es ist die Wärme der Selbstfürsorge, die das Eis schmilzen lässt und zu Tage fördert, was unter der Erstarrung leben möchte. Die erste Reaktion auf die auftauchenden Gefühlsfundstücke und vernachlässigte Bedürfnisse ist oft ein Mix aus Überraschung und Hilflosigkeit. Einerseits ist man erleichtert und erfreut, dass man Elementares wiedergefunden hat, andererseits weiß man noch nicht, was man damit machen soll. Um diese – nicht selten erlernte – Hilflosigkeit allmählich zu überwinden, möchte ich Ihnen die folgenden Erlaubnisse mit auf den Weg geben:

Welch ein Wohlklang – du darfst!

1. Du darfst den Kopf hängen lassen, wenn dir danach ist!
Den Kopf oben zu halten, wenn Ihnen eigentlich danach ist, loszulassen, führt in die körperliche und psychische Verkrampfung. Sie folgen dann vermutlich einer gelernten Struktur, die beinhaltet, dass Sie sich zusammenreißen müssen. Das kann kurzfristig durchaus sinnvoll sein. Langfristig schadet Ihnen diese Strategie, weil sie Kraft kostet. Erlauben Sie sich stattdessen in einem ruhigen Moment oder in Gegenwart eines Menschen, dem Sie vertrauen, Ihre wahren Gefühle zu zeigen. Sie dürfen trauern und weinen, wenn Ihnen danach ist.

Achten Sie nur darauf, dass Sie nach gegebener Zeit – oder zwischendurch – den Kopf wieder heben, damit Sie den Weg, der vor Ihnen liegt, und die Menschen, die es gut mit Ihnen meinen, wieder sehen können.

2. Du darfst enttäuscht und verzweifelt sein!
Enttäuschungen und Erwartungen gehören zusammen. Ob Ewartungen angemessen oder überhöht waren, weiß man leider oft erst im Nachhinein. Nehmen Sie Ihre Enttäuschung als Ausgangspunkt für eine kritische Überprüfung Ihrer Erwartungshaltung. Das ist

Was ist zu tun?

Boden

- **Ernten, ernten, ernten.** Genieß die Köstlichkeiten deines Gartens und lass dich nicht stressen – es ist Sommer!
- **Gründüngung als Bodenkur.** Leere Beete erholen sich unter einer Decke aus Gründüngung: Die Blaue Lupine ist ein Stickstoffsammler und schließt den Boden tiefgründig auf. Und der Aufwuchs ist ein wertvolles Kompost-Material.

Obst

- **Zu wenig Erdbeeren geerntet?** Neue Pflanzen sind viel gesünder als alte und tragen besonders große Früchte. Bestell jetzt die Sorten deiner Wahl!
- **Walnussbäume schneiden.** Mitte Juli bis in den August hinein ist die beste Zeit die Walnuss auszulichten. Die Schnittstellen mit Baumwachs verstreichen.

Kräuter

- **Basilikum richtig ernten.** Wer nicht nur einzelne Blätter abzupft, sondern gleich ganze Triebspitzen abknipst, der verzögert die lästige Blütenbildung.

Balkon

- **Neue Pfingstrosen.** Sie ist eine der wenigen Stauden, die am besten im Sommer, nach der Blüte gepflanzt wird. Pfingstrosen stehen gern lange am selben Platz.
- **Neustart im Balkonkasten.** Kauf dir nach dem Urlaub neue Balkonpflanzen, denn oft sehen die alten nicht mehr gut aus.

Tagesblatt aus dem
Gärtner Pötschke-Kalender
„Der Grüne Wink®" 2016

22.07.2016

© Pötschke Verlag
GmbH & Co. KG
41561 Kaarst

Solch Heidelbeeren dick und rund,
sind delikat und sehr gesund.
Im Sommer hole ich sie frisch
aus dem Garten auf den Tisch.

Geht Maria
über den Berg naß –
regnet's ohne Unterlaß.
(Lostag)

Schöpfe Gesundheit aus
deinem eigenen Garten, sagt G.P.

Gartenheidelbeeren

Sa 05.33 Su 21.24
Ma 22.35 Mu 08.27

Maria Magdalena,
Eberhard, Verena

FREITAG

22

JULI Heumonat

Der grüne TIPP: Kulturheidelbeeren sind innen farblos, färben sich aber beim Kochen tiefblau. Sie schmecken roh, aber auch als Kompott oder Marmelade vorzüglich.

Lust auf noch mehr
Tipps und Tricks?

Dann schauen Sie auch unter
www.poetschke.de/gartenblog/

sinnvoll und lässt Sie in Zukunft nüchterner vorgehen. Außerdem gibt es Lebenslagen, in denen man mit den Zähnen knirscht, weil nichts so läuft, wie man es sich vorstellt. Da ist Verzweiflung das angemessene Gefühl. Solange man noch keinen Ausweg aus einer Misere gefunden hat, ist man zwischen Hoffen und Bangen hin- und hergerissen. Dann ist es gut, Tagebuch zu schreiben, verzweifelte Gedichte zu verfassen, die passende Musik zu hören oder geeignete Bücher zu lesen. Gespräche mit Menschen, denen Sie vertrauen, sind dann wichtig, und wenn niemand zu erreichen ist, auch ein Anruf bei der Telefonseelsorge. Wichtig ist, dass man Entlastung erfährt. Sie dürfen Ängste haben und diese benennen. Manchmal befürchtet man, ein quälender Zustand könnte nie zu Ende gehen. Sie dürfen diese Sorge ernst nehmen und nüchtern prüfen, wie wahrscheinlich es ist, dass sie eintritt.

Achten Sie nur darauf, dass Ihre Verzweiflung Sie nicht vollkommen beherrscht. Wenden Sie den Blick zwischendurch in die Bereiche, wo es trotz allem gut läuft. Überprüfen Sie Ihre Erwartungen! Manche Enttäuschung hat damit zu tun, dass man zu viel wollte.

3. Du darfst negativ denken!

Wie Sie bereits im dritten Kapitel erfahren haben, ist das erwiesenermaßen sogar von Vorteil! Denken Sie an alles was, schiefgehen kann, und erarbeiten Sie sich Strategien für den Fall, dass Ihre Befürchtungen tatsächlich eintreten. Dann sind Sie gut gewappnet und haben alles richtig gemacht.

Achten Sie nur darauf, dass Sie nicht in ergebnisloses Grübeln verfallen. Wenn Sie schwarz malen, dann am besten so, dass Sie zumindest nur die Wände schwarz anstreichen, Türen und Fenster jedoch frei lassen.

4. Du darfst zurückblicken!

Im Rückblick können Sie erkennen, welche Strategien Ihnen in der Vergangenheit geholfen haben, das Leben zu meistern. Aber auch solche, die in Sackgassen geführt haben. Aus beidem können Sie für die Gegenwart und Zukunft lernen.

Achten Sie nur darauf, dass Sie nicht «kleben» bleiben, indem Sie die Vergangenheit verklären und dadurch die Chancen der Gegenwart verpassen. War die Vergangenheit aus heutiger Sicht wenig rosig, passen Sie auf, dies nicht in die Zukunft zu projizieren, indem Sie sagen: «Das war immer so und wird in der Zukunft auch nicht besser.» Sind sind kein Hellseher!

5. Du darfst notlügen!

Wissenschaftler haben herausgefunden, dass jeder Mensch pro Tag mehrmals lügt. Das Spektrum der Unwahrheiten reicht dabei von Ausreden über Notlügen bis hin zur faustdicken Lüge. Die Motive sind oft ehrenwert. Manche möchten sich Ärger ersparen oder Zeit gewinnen, andere geliebt werden. Wenn Sie eine Verstimmung, einen Unmut oder eine Angst für sich behalten, weil Sie noch unsicher sind oder einen gravierenden Nachteil befürchten, wenn Sie sich zu sehr öffnen, schwindeln Sie ruhig. Kleine Notlügen helfen Ihnen und anderen dabei, das Gesicht zu wahren, und sind eine Art sozialer Klebstoff, der dazu beiträgt, dass Beziehungen nicht unnötig zerbrechen. Und bedenken Sie: Die Ehrlichkeit gibt es nicht. Wir wählen immer aus einer Vielzahl von Eindrücken und Gedanken aus, die wir anderen mitteilen. Was uns schaden könnte, behalten wir aus gutem Grund für uns.

Achten Sie nur darauf, dass Sie sich nicht selbst belügen und lügen nicht zur Gewohnheit wird. Sie verlieren dann an Glaubwürdigkeit, die Gefahr aufzufliegen wächst und der soziale Schaden ist groß. Außerdem müssen Sie sich alle Lügen merken, das ist anstrengend.

6. Du darfst zweifeln!

Wer zweifelt, zeigt, dass er sich ernsthaft mit einer Sache auseinandersetzt. Zweifel ist der Bruder des Glaubens, heißt es. Die Zahl zwei ist darin enthalten und weist darauf hin, dass wir zu einer Sache mindestens zwei Ansichten haben, die beide zu ihrem Recht kommen wollen. Dazu braucht es einen Moderator, der zwischen Pro und Kontra vermittelt, denn nur so kann der Zweifel fruchtbar gemacht werden. Sie dürfen so lange warten, bis Sie bereit sind, sich für eine der beiden Varianten zu entscheiden – oder eine dritte!

Achten Sie nur darauf, dass Sie Ihre Zweifel nicht ausschließlich mit sich allein austragen. Häufig kann die Außenperspektive eines Freundes oder Beraters eine Klärung herbeiführen.

7. Du darfst ambivalente Gefühle haben

In den meisten Situationen ist dies sogar der Normalzustand! Lassen Sie sich von niemandem einreden, Sie müssten jederzeit wissen, was Sie genau fühlen oder wollen. Geschäftspartner, Verliebte und Verkäufer drängen oft zu einer schnellen Entscheidung. Doch um einen inneren Zwiespalt zu verstehen und zu einem Entschluss zu kommen, braucht es verständnisvolle Gesprächspartner und stille Momente. Es kann sogar sein, dass eine Ambivalenz bestehen bleibt. Auch das ist normal. Sie dürfen zögern und sogar einen Konflikt mal ungelöst lassen. Ziehen Sie zumindest in Betracht, dass sich manche Dinge im Laufe der Zeit von selbst erledigen oder Sie zu einem späteren Zeitpunkt wie von allein wissen, was zu tun oder zu lassen ist.

Achten Sie nur darauf, dass Ihre Ambivalenz nicht zu länger anhaltendem ambivalenten Verhalten führt. Das kann andere irritieren und dazu führen, dass sie sich zurückziehen. Besser ist es, wenn Sie Ihre Ambivalenz offen mitteilen oder eine Pause vereinbaren, bis Sie sich innerlich geklärt haben.

8. Du darfst sagen, was dich stört

Unmut und Ärger sollten Sie rechtzeitig äußern, denn sonst explodiert die Wutbombe zum falsche Zeitpunkt, und alle fragen sich: «Was ist denn jetzt los?» Ärger ist wertvoll, denn er besagt nichts anderes, als dass man mit einem Verhalten oder einer Ansicht nicht einverstanden ist. «Oha», könnten Sie jetzt denken, «dann muss ich ja meine Komfortzone verlassen.» Das ist wohl wahr, aber Sie müssen deswegen nicht hochemotional rumbrüllen. Ihre Verstimmung können Sie durchaus sachlich mitteilen. Es kommt ein Kontra? «Reg dich doch nicht so auf!» – «Ich bin sehr wohl verärgert, weil ich mit deinem Verhalten nicht einverstanden bin», könnte Ihre Entgegnung sein. Sie dürfen mitteilen, wenn Sie etwas irritiert, und Grenzen setzen. Das hilft manchmal auch dem andern, sein eigenes Verhalten zu überdenken! Und Sie helfen doch gern, oder?

Achten Sie nur darauf, Ihren Unmut nicht jedem wahllos vor die Füße zu knallen oder Blitzableiter zu suchen. Es ist manchmal besser, eine Gelegenheit abzuwarten, in der Ihr Gegenüber in der Verfassung ist, eine Kritik anzunehmen. Und vor allem: Äußern Sie Kritik nicht in Gegenwart Dritter, das wirkt beschämend und kann dazu beitragen, dass Ihre berechtigte Kritik abgewehrt wird, denn keiner lässt sich gerne «vorführen».

9. Du darfst berechnend sein

Es ist gut, strategisch zu denken, und vollkommen okay, berechnend zu sein. «Aber ist das nicht verwerflich?», könnten Sie einwenden. Nein, das ist es nicht, denn es ist nur natürlich, Pläne zu entwerfen und darüber nachzudenken, wie es Ihnen besser gehen kann. Berechnen bedeutet – wie in der Mathematik –, dass man versucht, alle relevanten Variablen zu berücksichtigen. Das ist legitim und sinnvoll. Eine 43-Jährige, die in einen familiären Konflikt verstrickt war, sagt: «Ich habe damit gerechnet, dass ich von meiner Schwester Kontra bekomme. Mir war klar, sie würde unter der Gürtellinie argumentieren, aber ich war gewappnet!» Kluge Berechnung ist ein wirksamer Selbstschutz.

Achten Sie nur darauf, dass Sie nicht übers Ziel hinausschießen, indem Sie überheblich auftrumpfen und dadurch sozialen Schaden anrichten.

10. Du darfst dir Fühlzeiten gönnen

Um zu wissen, wie man mit seinen Empfindungen umgehen möchte, bedarf es geschützter Zeiträume. Manchmal ist es sogar besser, nicht nur eine Nacht über ein Problem zu schlafen, sondern zwei oder drei Nächte. So wie Pflanzen Zeit zum Wachsen brauchen, ist es mit Entscheidungen. Eine ausgereifte Entscheidung braucht Reifezeit. «Mir tut es gut, eine Weile still vor mich hinbrüten zu können», sagt eine freiberufliche Journalistin. «Ich bin ein stiller Brüter und kann das genießen. Wenn ich mich vorschnell zu Reaktionen hinreißen lasse, ärgere ich mich im Nachhinein.»

Achten Sie nur darauf, in Ihren Gefühlen nicht zu versinken, denn sich an den eigenen Haaren selbst aus dem Sumpf zu ziehen, ist beschwerlich. Besser ist es, sich hin und wieder mit anderen auszutauschen und dadurch Boden unter die Füße zu bekommen.

Zart besaitet

Ich habe im Laufe meines Berufslebens die Erfahrung gemacht, dass diese Erlaubnisse zu enormen Veränderungen führen. Sie ebnen den Weg zum Guten und wirken wie ein Antidepressivum. Sie helfen dabei, sich selbst näher zu kommen und mit sich selbst besser leben zu können. Nicht selten stellt sich heraus, dass man jahrelang einem falschen Bild von sich selbst gefolgt ist, das den eigenen Möglichkeiten gar nicht angemessen war. Gerade dann zeigt sich in Gefühlen wie Traurigkeit, Enttäuschung und Deprimiertheit eine tieferliegende Wahrheit, der wir bislang noch nicht ins Gesicht sehen konnten. Da dieser Prozess durchaus schmerzhaft sein kann, ist es in den trüben Stimmungen besonders wichtig, achtsam mit sich zu sein. Denn dann sind wir besonders sensibel und verletzlich. Doch im Grunde ist es gut, wenn Sie «zart besaitet» sind, denn dadurch können Sie den feinen Schwingungen nachspüren und damit beginnen, sich neu einzustimmen. «I am what I am» – «Ich bin, die ich bin» –, sang Gloria Gaynor und ergänzte: «And what I am needs no excuses» – «Und dafür muss ich mich nicht rechtfertigen!» Genau so ist es.

Ausfühlen ist wie Ausschlafen

Diese Erlaubnisse geben Ihnen die Möglichkeit, Ihre Stimmungen «auszufühlen». Damit ist gemeint, dass Sie ihnen Raum geben, um sie besser zu verstehen. Dazu müssen Sie nicht unbedingt viel tun. Sie können es mit «ausschlafen» vergleichen. Man gibt sich vertrauensvoll einer Stimmung hin, um sie auszuloten und dadurch besser zu verstehen. Wenn man dann «ausgefühlt» hat, kann man mit den neuen Erkenntnissen zu neuen Taten schreiten. Es ist wie nach einer erholsamen Nacht mit ausreichendem Schlaf, den Tag zuversichtlich zu beginnen. Am Ende dieses Prozesses entwickelt sich ein adäquateres Bild von sich selbst. Das alte Selbstbild wurde reformiert, überarbeitet und «upgedatet». So kann aus einer dunklen Stimmung heraus die Sonne wieder aufgehen. Eine 42-jährige Unternehmensberaterin beschreibt es so:

«Für mich war das der glücklichste Moment seit vielen Jahren. Als ich mich selbst wieder spürte und wusste, jetzt bin ich so, wie ich wirklich bin. Ich muss mir und anderen nichts mehr vormachen.»

Ausfühlen beruhigt

Wie Sie an den bisherigen Beispielen sehen können, müssen Sie keine Angst davor haben, einer schlechten Stimmung nachzuspüren. Sie werden feststellen, dass ein achtsam behandeltes und mit Interesse wahrgenommenes inneres Erleben beruhigend wirkt. Es ist, als würden Sie wie ein Botaniker durch ein großes Tal schreiten und alles und jedes wahrnehmen, was sich rechts und links des Weges befindet:

«Ah, das ist der Schmetterling meiner Sehnsucht. Dort die traurige Blume meiner Einsamkeit, da der stachelige Kaktus meines

Ärgers. Und da der versteinerte Schmerz über die Kränkungen,
die ich erfahren habe.»

Endlich kümmert sich mal jemand um mich!

Die vernachlässigte Gefühlswelt ist dankbar wie ein kleines Kind, wenn Sie ihm Aufmerksamkeit schenken: «Endlich kümmert sich mal jemand um mich!» Dann gibt die schlechte Laune ihre Botschaft preis und sagt, was wirklich los ist. Haben Sie ein schlechtes Gefühl sorgfältig erkundet, macht es schneller, als Sie denken, einem besseren Gefühl Platz. Ich nenne es, den «Wellengang des Lebens» zu akzeptieren, weil ich weiß, dass Gefühle wie Ebbe und Flut kommen und gehen. Machen Sie ein Experiment: Versuchen Sie bewusst, ein bestimmtes Gefühl einen ganz Tag lang festzuhalten. Sagen Sie sich beispielsweise minütlich, «Ich halte meine Trauer fest» oder «Ich halte meine Liebe fest» oder welches Gefühl auch immer Sie gerade haben. Es könnte sein, dass Sie feststellen, dass Gefühle gar nicht festgehalten werden möchten! Die Trauer möchte vielleicht einfach nur da sein und die Liebe einfach nur fließen. Das ist wahre Hingabe. Und bedenken Sie noch einen anderen Aspekt: Indem Sie sich zeigen und mit Ihren Befindlichkeiten, Sorgen und Wünschen «aus dem Gebüsch kommen», wie es eine Patientin nannte, können auch andere davon profitieren. Sollten Sie Kinder haben, können diese an Ihrem Vorbild lernen, wie man konstruktiv mit seinen Gefühlen umgeht.

Quick-Check: Wenn schlechte Gefühle sprechen könnten

Als Ermutigung und Übersetzungshilfe möchte ich Ihnen eine Checkliste an die Hand geben. Anhand dieser Liste können Sie schnell ablesen, was die vermeintlich «negativen» Gefühle eigentlich zum Ausdruck bringen (möchten) und worauf sie im Grunde hinweisen.

Die Botschaften

Ärger und Wut

Ich bin mit etwas nicht einverstanden. So soll es nicht sein. Ich hätte es gern anders.

Trauer

Ich habe einen Verlust erlitten. Eine Person, die mir wertvoll war, oder etwas, das für mich eine große Bedeutung hatte, ist nicht mehr da.

Schuldgefühle

Ich denke(!), ich bin verantwortlich für etwas, und leide darunter.

Minderwertigkeitsgefühle

Ich vergleiche mich mit anderen und schneide schlecht dabei ab.

Ekel

Etwas stößt mich ab. Ich will es mir nicht «einverleiben». Ich möchte mich abwenden.

Neid

Du hast, bekommst oder kannst etwas, was mir fehlt. Das will ich auch!

Eifersucht

Ich will dich ganz! Du gehörst zu mir. Gib mir Halt.

Einsamkeit

Ich fühle mich allein (gelassen) und vermisse den Kontakt zu anderen. Ich fühle mich getrennt von der Welt und unverbunden, bin ganz auf mich selbst zurückgeworfen.

Ohnmacht und Hilflosigkeit

Ich habe noch keinen Weg gefunden, mit der Situation umzugehen. Ich erlebe mich ausgeliefert.

Unzufriedenheit

Soll- und Ist-Zustand stimmen nicht überein. Ich bin noch nicht da, wo ich hinwill. Ich suche nach einer besseren Lösung.

Verzweiflung

Der Zustand ist unerträglich und kaum auszuhalten. Ich weiß (noch) nicht, was ich machen soll.

Angst

Das kommt mir fremd und unbekannt vor, ist daher bedrohlich. Ich halte mich zurück, denn ich muss es erst prüfen. Es gilt herauszufinden, wie begründet meine Befürchtungen sind. Dann kann ich Wege finden, mich zu ent-ängstigen oder darauf vorzubereiten.

Scham

Eine Grenze wurde überschritten, das hat mich verletzt und ist mir peinlich. Ich möchte nicht, dass sichtbar wird, was in meine Intimsphäre gehört.

Kränkung

Ich bin verletzt worden, etwas hat mir weh getan. Deswegen reagiere ich mit Rückzug, Schweigen oder aggressivem Verhalten.

Trennungsschmerz

Du bedeutest mir etwas und wirst mir fehlen. Ein Ort, eine Person, ein Tier, ein Gegenstand oder eine Lebensphase haben mir viel bedeutet. Das Loslassen (-müssen) tut weh.

Ist Ihnen aufgefallen, wie viele unangenehme Gefühlslagen es gibt? Warum nur hat uns die Natur mit der Fähigkeit ausgestattet, all diese Empfindungen wahrnehmen und erleben zu können? Haben Sie etwa einen Sinn? Bringen Sie einen Überlebensvorteil? Was meinen Sie?

Fremdbestimmung – nicht mit mir!

Falls Ihnen meine zuvor genannten Übersetzungsvorschläge nicht ganz zutreffend erscheinen, wandeln Sie diese gerne ab. Ich weiß, dass jeder Mensch mindestens eine Nuance anders empfindet. Das ist okay. Ich empfehle Ihnen daher ein abgestuftes Vorgehen, mit dem Sie sich kleinschrittig erschließen können, welche Bedeutung für Sie stimmig ist. Die Anregung dazu habe ich von Prof. Claus Nowak bekommen.

1. Bedeutungsunterstellung
Machen Sie es wie bei einem wissenschaftlichen Test. Gehen Sie zunächst davon aus, dass die in der Liste vorgeschlagenen Botschaften sinnvoll sind, oder bilden Sie sich eine eigene Hypothese. «Okay, ich gehe mal probehalber davon aus, dass ich neidisch auf Gisela bin, weil ich auch gern einen so einfühlsamen Mann hätte wie sie.»

2. Bedeutungserprobung
Überprüfen Sie, wie weit Ihre Vermutung trägt und zu welchen Erkenntnissen Sie kommen. Bestätigt sich Ihre Annahme? «Na ja, Ihren Mann möchte ich nicht haben, aber mir fehlt tatsächlich etwas mehr Verständnis in meiner Beziehung.»

3. Bedeutungserteilung oder Ablehnung
Entscheiden Sie selbst, was für Sie stimmig ist. Trauen Sie Ihrem «Bauch-Gefühl». «Stimmt, mein Neid hat schon etwas mit meinem unerfüllten Wunsch nach mehr Zuwendung zu tun.» Oder: «Nein, bei genauerer Betrachtung kann ich ihr das gönnen. Da ist zwar etwas Neid, aber auch viel Wohlwollen.»

Erst wenn Sie eine Weile alle Gefühlsspuren verfolgt und alle Gefühlsnuancen ausgekostet haben, ziehen Sie Ihr Fazit:

«Ja, es stimmt, ich bin traurig, weil ich etwas verloren habe.»
«Ja, ich bin gekränkt, weil ich mich entwertet fühle.»
«Ja, ich erlebe mich weniger wert, weil der andere etwas besser kann.»

Das nennt man konstatierendes Wahrnehmen. Sie stellen nüchtern fest, wie es ist, und verschieben die Bewertung auf später. Vor allen Dingen müssen Sie sich in dieser Phase noch keine Gedanken darüber machen, was aus diesen Feststellungen folgt.

«Gelassenheit ist die anmutigste Form des Selbstbewusstseins»

Dieses Zitat von Marie von Ebner-Eschenbach zeigt, dass Selbstbewusstsein auf sanftem Weg erreicht werden kann. Besonders gut lässt sich diese Haltung in der Beziehung zum eigenen Körper üben. Viele Frauen kennen das Problem, das eine 45-jährige Erzieherin beschäftigt:

«Ich liege im Clinch mit meinem Körper. Ich finde mich hässlich, ganz besonders die Falten am Hals und in den Ellbeugen. Meine Freundinnen wundern sich und meinen, ich würde gut aussehen. Aber ich finde das nicht.»

Und das muss sie auch nicht! Denn ihre Freundinnen traktieren sie in bester Absicht immer wieder mit der Botschaft:

«Du musst dich aber so annehmen, wie du bist. Du musst lernen, deinen Körper zu lieben.»

Was für eine Überforderung! Denn für Heike Bader würde es reichen, anzuerkennen, dass das Leben seine Spuren hinterlassen hat. Im Krieg mit ihrem Körper verhandelt sie nämlich ein ganz anderes Thema:

> *«Ich bin eigentlich wütend auf meinen Ex. Er hat mich betrogen, belogen und mir finanziellen Schaden zugefügt. Wegen ihm sehe ich so schlecht aus, weil ich nachts nicht schlafen kann und mich der Ärger auffrisst.»*

Anerkennen, dass das Leben seine Spuren hinterlassen hat

Für Heike Bader geht es in Wirklichkeit gar nicht darum, ihren Körper toll zu finden. Ihr reicht es vollkommen aus, eine friedliche Kooperation aufzubauen:

> *«Eigentlich hat mein Körper das nicht verdient. Es ist nicht fair, ihn wegen meines Schmerzes schlecht zu behandeln. Ich will nicht so mies mit mir umgehen wie mein früherer Freund mit mir.»*

Es kann ungeheuer entlastend sein, den eigenen Körper nicht gut finden zu müssen! Dieses Ideal ruft unnötiges Leid hervor. Sie müssen Ihren Körper nicht lieben, wie es Freundinnen und so manche Wellness-Zeitschrift nahelegen. Es ist vollkommen in Ordnung, mit dem eigenen Körper unzufrieden zu sein. Achten Sie lediglich darauf, ihn deswegen nicht in Kriegshandlungen zu verwickeln und ihm dadurch zusätzlichen Schaden zuzufügen. Sie dürfen sich über jede Falte und jedes Fettpölsterchen aufregen, aber Sie müssen es nicht! Es reicht, wenn Sie anerkennen, dass ihr Körper ist, wie er ist. Stellen Sie sich vor den Spiegel und üben Sie! Und denken Sie daran: Das Wichtigste des ersten Schrittes ist die Richtung, nicht die Weite.

Diese anerkennende Grundhaltung kann Ihnen auch in der Berufswelt weiterhelfen. Darum geht es im nächsten Kapitel.

V. Cheese ist Käse – auch im Beruf
Warum Lächel-Masken depressiv machen

In fast allen Berufen sind die Anforderungen an die berufliche Rolle gewachsen. Arbeitsbereiche und Aufgaben wechseln mitunter schneller, als einem lieb ist. Sachverhalte werden komplexer, Erträge und Leistungsvermögen sollen stetig wachsen, die Effizienz gesteigert werden. Dadurch entsteht ein großer Anpassungsdruck, der mit offenen, aber auch verborgenen Erwartungen einhergeht. Gerade unter Stress besteht dann die Gefahr, sich ängstlich an Rollenerwartungen anzupassen, ohne wirklich zu prüfen, wie man sie mit der eigenen Persönlichkeit in Einklang bringen kann. Aus Angst zu versagen oder beschämt zu werden, spielt man eine Rolle, die nicht mehr im Einklang mit den eigenen Werten und dem Wesenskern steht. Dies führt zu Selbstentfremdung, standardisierter Kommunikation und emotionsloser Beziehungsgestaltung. Darüber sollte man nicht hinweglächeln, denn nicht selten sind Stresssymptome bis hin zum Burn-out die Folge. Obwohl man äußerlich funktioniert, ist man innerlich entleert und scheut Konflikte. Präsenz und Ausstrahlung gehen verloren, die Produktivität lässt spürbar nach, und die Arbeits- und Lebenszufriedenheit sinkt.

Wie viel Ehrlichkeit verträgt unser Leben?

Dieser Befund wirft Fragen auf. Sie erinnern sich an Katrin Bela aus dem ersten Kapitel? «Ich will mich selbst», sagte sie. «Ich möchte endlich so sein dürfen, wie ich wirklich bin.» Sie möchte authentisch sein. Möglicherweise kennen Sie diesen Wunsch. Doch wahrscheinlich kommen Ihnen gleichzeitig Zweifel: Muss man sich nicht doch anpassen? Wie soll ich im Beruf authentisch sein? Erntet man nicht

Ablehnung, wenn man sich so zeigt, wie einem zumute ist? Die Fragen sind vollkommen berechtigt! Birgit Wissmann, eine hochmotivierte und kompetente Verkaufsleiterin im Einzelhandel, hat ihre Erfahrungen gemacht:

«Mein Chef hat da klare Ansichten. Der will, dass ich funktioniere! Wie es mir wirklich geht, interessiert ihn nicht. Als ich ihm mitteilte, dass meine Belastungsgrenzen weit überschritten sind, bekam ich zu hören: ‹So, jetzt haben Sie mir mal Ihre Befindlichkeiten mitgeteilt, nun gehen Sie wieder an die Arbeit.› Das hat mich frustriert und wütend gemacht.»

Diese Beispiel zeigt, das Offenheit im Beruf nicht immer willkommen ist. Das ist schade, denn Birgit Wissmann kündigte daraufhin. Ein verständnisvoller und unterstützender Vorgesetzter hätte die wertvolle Mitarbeiterin bestimmt halten können. Die Frage, wie man «Ehrlichkeit» dosieren sollte, ist also nicht pauschal zu beantworten. In diesem Kapitel werde ich Sie mit dem Konzept der reflektierten Authentizität vertraut machen. Es kann Ihnen dabei helfen, herauszufinden, wie Sie Ihre Persönlichkeit auch unter widrigen Umständen stimmig leben und bewahren können.

Lächeln im Akkord

Wie wichtig das ist, zeigen die Forschungen von Professor Dieter Zapf, einem Arbeits- und Organisationspsychologen an der Universität Frankfurt. Er hat in einem Experiment untersucht, wie sich verordnete Zwangsfreundlichkeit auf die Gesundheit auswirkt. Dazu setzte er Versuchspersonen in ein fiktives Call-Center. Realitätsnah fingierte er Anrufe, in denen sie von einer vermeintlichen Kundin beschimpft wurden. Eine Gruppe der Teilnehmer durfte zurückschimpfen, eine andere sollte unbedingt freundlich bleiben. Das Ergebnis war eindeutig. Bei den zur Freundlichkeit Verdammten war die Herzfrequenz deutlich länger erhöht, die zusätzliche Belastung des Herz-Kreislauf-Systems messbar. Die andere Gruppe beruhigte sich schnell. Lächeln ist also eine ernste Angelegenheit. Dies gilt besonders für Berufe, in denen ein hohes Maß an «Emotionsarbeit» gefordert wird. Von Flugbegleitern, Mitarbeitern in Call-Centern, Krankenschwestern, Kellnern und Verkäufern wird erwartet, dass sie mit gleichbleibender Freundlichkeit ihren Dienst verrichten.

Dauerlächeln macht krank

Lachen ist gesund, doch beruflich verordnetes Dauerlächeln kann krank machen. Der Forscher kam in seiner Studie zu dem Ergebnis, dass Menschen, die ihre wahren Gefühle über einen längeren Zeitraum verbergen müssen, ihre seelische Gesundheit aufs Spiel setzen. Dies gilt auch für Berufe, in denen erwartet wird, Zuversicht zu verströmen und allwissend zu sein. Ärzte gelten beispielsweise in hohem Maße als suchtgefährdet. Die anhaltende Diskrepanz zwischen Schein und Sein ermüdet und resultiert in Erschöpfungsdepressionen, Bluthochdruck und Burn-out. Schlechte Gefühle fungieren da als wichtige Signale und können auch im Berufsleben wertvolle Dienste leisten. Sie zeigen an, dass zu viel verlangt wird oder dass man sich als Person in der beruflichen Rolle übergangen oder geringgeschätzt fühlt. Durch welche Anweisungen können solche Gefühle entstehen? Die Bundesbahn rät beispielsweise ihren Mitarbeitern:

> *«Es kann noch mehr gelächelt werden. Zum Beispiel, wenn Fahrgäste sauer sind, weil sich Züge verspäten. Wir raten unseren Mitarbeitern auch in diesen Situationen zu freundlicher Hilfsbereitschaft – auch wenn sie dafür kein Dankeschön erwarten dürfen.»*

Kein Dank

Viele Unternehmen schulen ihre Servicekräfte im korrekten und höflichen Dialog mit den Kunden. Die Mitarbeiter üben, sich in die Rolle des Kunden zu versetzen. Es werden dann Gesprächstechniken entwickelt, um in schwierigen Situationen bestehen zu können. Wie

soll sich ein Mitarbeiter verhalten, wenn er von einem Kunden an-
geschrien wird? Das Leitbild ist klar formuliert:

> *«Ein guter Zugbegleiter bietet nicht nur guten Service mit guter*
> *Laune, wenn am Sonntag die Sonne scheint, sondern auch dann,*
> *wenn es regnet.»*

Als Bahnfahrer freut man sich über diese Ankündigung. Wenn Sie
jedoch selbst im Service tätig sind, werden Sie die Nachteile kennen.
Die kennt auch die Bahn:

> *«Unsere Mitarbeiter haben es nicht immer leicht. Denn gerade*
> *bei Betriebsstörungen müssen sie, um ein Bild aus dem Fußball*
> *zu verwenden, dort hingehen, wo es wehtut.»*

Doch wo ist die Schmerzgrenze? Wie verarbeitet der Empfänger des
geballten Kundenfrusts seinen eigenen Frust? Ist die Firewall perfek-
ter Gesprächstechniken wirklich undurchlässig? Ich bezweifle das.

Emotionsarbeiter

Prof. Dieter Zapf empfiehlt, Rückzugsräume ohne Kundenkontakt
zu ermöglichen. Darin sollen die «Emotionsarbeiter» ihren Gefühlen
freien Lauf lassen. Wie finden Sie diesen Vorschlag? Ich finde ihn nur
begrenzt akzeptabel. Denn was heißt das in der Praxis? Der Mitarbeiter lässt sich lächelnd beschimpfen und attackieren. Dann heult
er sich im Umkleideraum allein oder in den Armen eines gleichfalls
frustrierten Kollegen aus. Der pampige Kunde ist seinen Ärger los-
geworden und wurde dafür noch mit Freundlichkeit belohnt. Der
Angestellte muss seinen Müll selbst entsorgen und darauf hoffen,
dass Kollegen, Partner oder Familie ebenfalls bereit sind, seinen Unmut mit offenen Armen zu begrüßen. Ich bin der Ansicht, dass da
etwas ganz gravierend falsch läuft.

Die Frau eines Monteurs berichtet von den Schattenseiten:

«Alle kennen ihn als netten, lächelnden, freundlichen Menschen. Nur zu Hause, da braucht er nicht mehr zu lächeln. Ich erlebe diese zwei Gesichter jeden Tag! Keiner glaubt mir, wie dieser nette Mann sich verändert, wenn er nicht in Kundennähe ist.»

Simone Berghaus, Sekretärin in einem Telekommunikationsunternehmen, erzählt:

«Freundlich zu bleiben war nicht einfach, wenn es zu arg war. Da habe ich mit freundlichem Lächeln was nicht ganz so Freundliches gesagt. Schlechtes Benehmen unwidersprochen hinzunehmen, ist mir nicht in die Wiege gelegt worden.»

Kundenschulung mal anders

Sofern Sie einen der genannten Berufe ausüben, wird Ihnen der Appell von Dieter Zapf sicher gefallen: «Wir müssen weg von dem starren Grundsatz ‹Der Kunde ist König› – hin zu mehr Respekt gegenüber dem Service-Mitarbeiter.» Wie wäre es, eine «Kundenschulung» einzuführen? Die frustrierte Simone Berghaus macht einen ungewöhnlichen Vorschlag:

«Jeder, der eine Dienstleistung in Anspruch nehmen möchte, erhält zunächst einen Grundkurs in Höflichkeit und Taktgefühl. Im Rollenspiel übt er, sich in die Lage von schlecht bezahlten Arbeitnehmern, Menschen im Schichtdienst und in ihrer Existenz bedrohten Handwerkern und Kleinunternehmern zu versetzen. Im Rollentausch lässt er sich von grimmigen Rechthabern, gewaltbereiten Jugendlichen, alkoholisierten Angebern, arroganten Spießern und überheblichen Besserverdienern rumkommandieren. Und dann darf er Strategien entwickeln, wie er als Kunde

stets freundlich sein Anliegen vorträgt, höflich und zuvorkom-
mend seinen Unmut ausdrückt und mit stoischer Ruhe den Frust
gestresster Angestellter weglächelt.»

Vermutlich wird es nie dazu kommen, aber wie gefällt Ihnen dieser
Gedanke?

Stell dir vor, du gehst in dich – und keiner ist da!

Es ist ungeheuer anstrengend, über einen längeren Zeitraum Gefühle vorzutäuschen, die man gar nicht hat. Eine Außendienstmitar-
beiterin hat die Folgen kennengelernt:

«Auf jedem zweiten Seminar wurde uns empfohlen, schon mor-
gens in den Spiegel zu lächeln. Dann vor jedem Telefonat und vor
jedem Kundengespräch. Das sei heilsam und wirke motivierend.
Alles wissenschaftlich abgesichert. Allein dadurch, dass ich die
zum Lächeln erforderlichen Muskeln bewusst bewege, produziert
unser Gehirn die dazugehörigen Glückshormone, und schon hat
man gute Stimmung. Manchmal funktioniert das tatsächlich.
Doch irgendwann habe ich innerlich gekündigt, nur noch Dienst
nach Vorschrift gemacht. Selbst Kunden haben gemerkt, dass
mein Lächeln gezwungen wirkt. Ich war so fertig und wollte
morgens nicht mehr aufstehen.»

Da zeigt sich, dass Cheese «Käse ist», wie diese Frau trocken formuliert. Wie sieht es denn in Ihrem Leben aus? Mit dem folgenden Test
können Sie überprüfen, wie gefährdet Sie selbst sind.

Test: Woran Sie erkennen können, dass Sie nicht im Einklang mit sich leben.

- Sie haben Erfolg im Beruf, aber keine wirkliche Freude daran.
- Sie wissen nicht genau, was Sie wollen. Klar ist nur, dass es so eigentlich nicht weitergehen kann.
- Anhaltende körperliche Beschwerden und Krankheiten wie Kopfschmerzen, Migräne, Appetitlosigkeit, Schlafstörungen, Rückenprobleme, Herz- und Kreislaufstörungen oder Hautprobleme weisen möglicherweise darauf hin, dass etwas nicht mehr stimmt.
- Die wiederkehrende Frage «Was tue ich hier eigentlich (noch)?» begegnet Ihnen häufiger.
- Sie gehen abends erschöpft und unzufrieden ins Bett und wachen morgens lustlos auf.
- Sie gehen Ihrer Arbeit nur noch mechanisch nach. Die innere Beteiligung ist fast gleich null. Sie haben innerlich bereits gekündigt.
- Sie blicken in den Spiegel und erschrecken über sich selbst.
- Sie sind reizbarer, als Ihnen lieb ist, fahren vermehrt aus der Haut.
- Sie erhalten Rückmeldungen von Kollegen, Kunden und Freunden, dass Sie belastet aussehen.
- Hobbys, die Ihnen früher Freude bereitet haben, bedeuten Ihnen nichts mehr.
- Sie erwischen sich öfter bei dem Gedanken, alles hinzuschmeißen.
- Sie verspüren den Drang, sich abzulenken (TV, Internet, Suchtmittel) oder sich zurückzuziehen.
- Sie haben den Eindruck, im Leben etwas zu verpassen.
- Sie bemerken, dass Sie sich Tagträumen von einem besseren oder anderen Leben hingeben.
- Sie stehen wie neben sich und haben den Eindruck, das Leben gehe an Ihnen vorbei.

- Sie hadern mit sich selbst, machen sich Vorwürfe und grübeln, ohne zu Ergebnissen zu kommen.
- Sie erleben sich als Opfer und hoffen auf ein Wunder oder eine höhere Instanz, die Sie aus der Situation rettet.
- Sie spüren Neid auf Menschen, denen es sichtlich besser zu gehen scheint.

Diese Symptome weisen darauf hin, dass man sich zu sehr verleugnet. Man übergeht sich selbst und läuft Gefahr, in eine Depression zu rutschen. Gute Miene zum bösen Spiel zu machen, ist der falsche Ansatz. Selbsterforschung ist angesagt. Selbst wenn Sie nur wenige Symptome der Selbstentfremdung erkannt haben, ist diese Erkenntnis ein guter Ausgangspunkt, verlorengegangenes Terrain zurückzuerobern.

Kosten und Nutzen

Was können Sie gewinnen? Die Forscher Kernis und Goldman erkennen folgende Vorteile eines authentischen Lebensstils:

«Das Selbstwertgefühl und das Selbstvertrauen profitieren von der weitgehenden Übereinstimmung mit sich selbst. Beides ist stabiler. Dies wiederum ermöglicht es, Ziele und Interessen mit Selbstvertrauen zu verfolgen. Wer authentisch lebt, ist seelisch stabiler. Man entwickelt bessere Strategien, um mit Konflikten fertig zu werden. Dadurch flüchtet man weniger in Alkohol- und Drogenkonsum. Zugleich erlebt man befriedigende Beziehungen und ist zufriedener.»

Die Kosten? Sie müssen Zeit für die Selbsterforschung investieren und bereit sein, auch unbequemen Gefühlslagen und Erkenntnissen zu begegnen. Authentischer leben und arbeiten zu wollen, kann zu einer Revision Ihres Selbstbildes führen und dazu, dass Sie in Konflikte mit anderen geraten. Es kostet Zeit und Energie, Auseinandersetzungen zu führen, die zwangsläufig entstehen, wenn man sich verändert: «Aber früher warst du ganz anders! Da hast du einfach gemacht, was ich von dir verlangt habe.»

Ein Nein zur rechten Zeit erspart viel Widerwärtigkeit

Die 35-jährige Ivonne Sperber arbeitet in einer Behinderteneinrichtung und beschreibt ihre Erfahrungen.

«Ich bin bekannt für meine Zuverlässigkeit und die Bereitschaft, für andere einzuspringen. Das hat mir den Ruf eingebracht, besonders kollegial zu sein. Alle mögen mich. Doch in den letzten Jahren ging es mir zunehmend schlechter. Wenn ich mal eine Aufgabe abgeben wollte, hieß es: ‹Ach, das kriegst du schon hin, ich kann wirklich nicht.› Ich fühlte mich ausgenutzt und habe mich überreden lassen, mehr zu tun, als ich konnte. Das hat mich ausgelaugt. So konnte es nicht weitergehen. Früher habe ich alle Dienste übernommen, das mache ich jetzt nicht mehr. Ich bin unbequem geworden, weil meine Kollegen jetzt andere Lösungen finden müssen. Ich habe mühsam gelernt, Nein zu sagen. Mir geht es besser, und zumindest einige Kollegen haben dafür Verständnis, weil sie gesehen haben, wie sehr meine Gesundheit darunter gelitten hat.»

An den Erfahrungen von Ivonne Sperber können Sie einige Bausteine authentischen Verhaltens erkennen, die ich Ihnen nun in Anlehnung an die Untersuchungen von Kernis und Goldman vorstellen möchte:

1. Bewusstheit und Selbsterforschung

Sie sollten Ihre Wünsche und Sehnsüchte kennen. Das Wort Sehnsucht beinhaltet die Sehnen, die man zusammen mit den Muskeln braucht, um sich auf die Suche zu begeben! Sie sollten sich Klarheit darüber verschaffen, was Sie wirklich motiviert. Es ist hilfreich, wenn

Sie nicht nur Ihre Stärken und Schwächen kennen, sondern auch, wie diese sich auf Ihr Verhalten auswirken. Hören wir, was Ivonne Sperber sagt:

> *«Meine Gutmütigkeit wurde zu meiner Schwäche, weil ich nicht dafür gesorgt habe, dass Geben und Nehmen ausgewogen waren. Am Ende wollte ich nur noch Entlastung, um innerlich wieder zur Ruhe zu kommen.»*

2. Selbstbild und Objektivität in eigener Sache

Wer authentisch sein will, muss darauf verzichten, sein Selbstbild zu schönen und unangenehmes Feedback zu verleugnen. Eine gewisse Objektivität in eigener Sache, welche die Rückmeldungen anderer prüfend und selbstkritisch zur Kenntnis nimmt, fördert Authentizität.

> *«Freunde haben mir gesagt, dass ich müde und erschöpft aussah. Ich hätte unzufrieden und gereizt gewirkt. Lange habe ich das ignoriert, weil ich das Bild der ‹Zuverlässigen› aufrechterhalten und vermeiden wollte, als ‹Kollegenschwein› zu gelten.»*

3. Übereinstimmung und Konsequenz

In Übereinstimmung mit den eigenen Werten, Überzeugungen und Bedürfnissen zu handeln, stabilisiert das Gefühl von Authentizität. Dazu bedarf es der Konsequenz, diese auch zu vertreten, wenn es anderen nicht gefällt oder Nachteile mit sich bringt.

> *«Mir wurde klar, dass eine einseitige Gutmütigkeit eigentlich zur Ausbeutung führt. Die anderen stehen auch in der Pflicht, und eigentlich waren sie die ‹Kollegenschweine›. Als mir das klar wurde, habe ich mich zum ersten Mal nicht nur über mich selbst, sondern auch über meine Kollegen geärgert. ‹Kollegialität› ist für mich ein hoher Wert, aber er darf nicht einseitig gelebt werden!»*

4. Risikobereitschaft und Zumutung

In unseren Beziehungen zeigt sich authentisches Verhalten darin, dass wir möglichst wahrhaftig sind. Das bedeutet, dem anderen eine Chance zu geben, sowohl die vermeintlich guten und starken Seiten als auch die vermeintlich schlechten und schwachen Facetten kennenzulernen.

«Ich hatte große Angst vor den Reaktionen, aber ich habe das Thema offen angesprochen. Mit zittrigen Knien, aber ich bin daran gewachsen.»

Schlag nach bei Shakespeare

Shakespeare betrachtete die Menschen als Schauspieler auf der Bühne des Lebens. Doch auch ein Schauspieler kommt nicht darum herum, die Rollen auf seine Weise zu interpretieren. Sonst könnte man gleich Roboter auf die Bühne stellen, die nur noch ihr einprogrammiertes Repertoire abspulen. Die Frage, wie viel unserer Persönlichkeit wir in die berufliche Rolle einbringen wollen und können, stellt sich stets aufs Neue. Nun könnten Sie zu Recht anmerken: «Aber das, was authentisch ist, ändert sich doch von Zeit zu Zeit!» Damit treffen Sie ins Schwarze! Das Besondere an der Vorstellung des «authentischen Selbst» ist, dass es sich keinesfalls in einem festen Aggregatszustand befindet, sondern sich immer wieder ändert. Authentisch zu leben, bedeutet, die Puzzlestücke der eigenen Persönlichkeit flexibel zu handhaben und unter veränderten Umständen neu zusammenzusetzen. Unser «eigentliches Ich» ist nie endgültig fertig. Darum müssen wir immer wieder neu um die innere und äußere «Wahrhaftigkeit» ringen. Das Bonmot von Ödön von Horváth – «Eigentlich bin ich ganz anders, aber ich komme so selten dazu» – zeigt, dass man sich dafür bewusst Zeit nehmen muss.

Betrachten wir die Eigenschaft oder Tugend «authentisch sein» einmal näher. Sie hat etwas mit Wahrhaftigkeit, Ehrlichkeit, Offenheit und Echtheit zu tun. Doch niemand kann und will diese Eigenschaften verkörpern. Das ist auch nicht erforderlich und sinnvoll. Es ist vollkommen legitim, sich taktisch zurückzuhalten oder seine Ziele mit diplomatischem Geschick zu erreichen versuchen. Und, offen gesagt, Authentizität kann zur naiven Unverblümtheit werden. Man zeigt sich dann schonungslos anderen gegenüber und läuft Gefahr, unvorsichtig zu werden und sich zu sehr zu offenbaren. Eine Auszubildende hat erfahren: «Ich bin viel zu offen. Mir rutscht vieles spontan heraus, und im Nachhinein bereue ich es!»

Ich rate sehr davon ab, authentisches Verhalten einseitig als ungeschminkten Ausdruck seiner Gefühle zu begreifen oder gar das Hohelied der Spontaneität zu singen. Ein echter Wutausbruch geht in Handwerkerkreisen eher durch als im Bankensektor. Selbst wenn er auch dort seine Berechtigung haben kann, besteht die Gefahr, sich selbst zu schaden oder andere vor den Kopf zu stoßen. Dann ist der Gesprächspartner verunsichert und empört: «Was Sie mir da alles an den Kopf geworfen hat, war mir zu viel. Ich fand es respektlos. Ich hatte den Eindruck, sie wollten ihre Sachen nur loswerden, ganz egal, ob ich es hören will oder nicht.»

Grenzenlose Offenheit verursacht nicht selten einen zwischenmenschlichen Scherbenhaufen. Genauso verhält es sich mit einer zu großen Verschlossenheit. Wenn Sie sich nur noch hinter einer Fassade verstecken, andere durch raffiniertes Taktieren manipulieren und befremden, erkennen Sie sich selbst nicht wieder. Robert Behrends arbeitet als Versicherungsmakler und hat erkannt:

«Ich wollte nur noch meine Ziele erreichen und habe niemandem mehr Einblick in meine Gefühlswelt gegeben. Selbst auf privaten Feiern habe ich Kontakte nur geknüpft, um meine Produkte an den Mann zu bringen. Meine Frau hat das angewidert. Ich habe

gemerkt, dass nicht nur sie, sondern auch andere sich von mir zurückgezogen haben. Das hat mich einsam gemacht.»

Robert Behrends war seine Feinfühligkeit abhanden gekommen. Er hatte den Regler auf der «Authentizitätsskala» von ehrlicher Offenheit und wirklichem Interesse auf der einen und taktischer Freundlichkeit und Zurückhaltung auf der anderen Seite zu sehr in Richtung «kalkulierte Freundlichkeit» verschoben und dadurch sozialen Schaden in Kauf genommen.

Taktgefühl und «Zartsinn»

Ihm hätte das gute alte Taktgefühl gut getan, das leider aus der Mode gekommen ist. Doch im zwischenmenschlichen Umgang ist es von unschätzbarem Wert. Das Wort ‹Takt› leitet sich vom lateinischen «tangere» ab. Es bedeutet «berühren, «erreichen», «angrenzen». Übertragen auf die Kommunikation beinhaltet Taktgefühl, dass man die Verletzlichkeit, das Schamgefühl und die Intimsphäre des anderen achtet. Besonders in Gegenwart Dritter! Robert Behrends hätte Taktgefühl dabei helfen können, Privates von Beruflichem zu trennen und seine sozialen Kontakte nicht mit finanziellen Interessen zu vergiften.

Eine altertümliche Bezeichnung für Takt, die leider vom Aussterben bedroht ist, lautet «Zartsinn». Eine Fähigkeit, die meines Erachtens wieder in den Kanon der emotionalen Kompetenz aufgenommen werden sollte. Würde Ihnen, lieber Leser, die Vorstellung gefallen, von Ihrem Partner oder sogar Ihren Kunden und Mitarbeitern mit «Zartsinn» behandelt zu werden?

Wie bin ich, und wenn ja, warum?

Oft erhält man von Außenstehenden gut gemeinte Ratschläge. Ich habe mehrfach selbst erlebt, dass die Tipps anderer zwar «irgendwie» eine Berechtigung hatten, aber meist «nicht so ganz» auf meine Situation übertragbar waren. In solchen Fällen ist es gut, über ein Instrument zu verfügen, mit dem man herausfinden kann, was man selbst für richtig hält. Auf den folgenden Seiten können Sie ganz nüchtern untersuchen, aus welchen Elementen die Gesamtkomposition Authentizität eigentlich besteht. Sie lernen, die relevanten Variablen für authentisches Verhalten näher zu betrachten. Durch ein abgestuftes Vorgehen werden Sie anhand eines Beispiels in der Lage sein, ein Gespür für jene Maßnahmen zu entwickeln, die für Ihre Situation die richtigen sind. Für meine Tätigkeit als Berater habe ich daher das Konzept der «reflektierten Authentizität» entwickelt, das ich Ihnen nun vorstellen möchte. Es ähnelt dem Ansatz von Aristoteles:

«Jeder kann wütend werden, das ist einfach. Aber wütend auf den Richtigen zu sein, im richtigen Maß, zur richtigen Zeit, zum richtigen Zweck und auf die richtige Art, das ist schwer.»

Nun, so schwer ist es auch wieder nicht. Ich habe die Aussage von Aristoteles aktualisiert und will Ihnen zeigen, dass stimmiges Verhalten auf der Abwägung unterschiedlicher Faktoren beruht:

Reflektierte Authentizität
1. Die konkrete Situation
2. Ihre Rolle und dementsprechend die zu erfüllenden Aufgaben
3. Ihre Ziele und Interessen
4. Ihre Persönlichkeit inklusive Ihrer Werte, Überzeugungen und Gefühle
5. Die Menschen, mit denen Sie es zu tun haben
6. Ihre Erfahrung und Ihr Wissen
7. Die Relevanz und Gewichtung dieser Faktoren

Wie viel Offenheit darf's denn sein?

Versuchen Sie ruhig schon bei der Lektüre an eine Situation aus Ihrem Alltag zu denken und diese im Hinterkopf mitlaufen zu lassen.

Am folgenden Beispiel können Sie gut erkennen, wie man das Modell konkret anwenden kann. Sehen wir uns an, wie Katharina Schöning, Pflegedienstleiterin in einer karitativen Einrichtung, sich bei der Lösung eines Problems an diesem Schema orientiert hat.

1. Die Situation
Eine Mitarbeiterin hält sich nicht an die Arbeitszeiten:

«Mir ist aufgefallen, dass eine Kollegin mehrfach zu spät gekommen ist. Ich müsste es eigentlich ansprechen, aber ich weiß noch nicht genau wie. Sie ist schon so lange im Betrieb.»

Katharina Schöning sucht nach dem richtigen Weg. Sie ist unsicher, in welcher Form sie das Fehlverhalten ansprechen möchte. Ihr gehen unterschiedliche Möglichkeiten durch den Kopf:

«Ich könnte sie morgens gleich vor dem Haus abpassen und ihr die Uhr unter die Nase halten. Dann würde ich sie zur Rede stellen. Oder wäre es besser, sie in mein Büro zu einem Einzelgespräch zu bitten? Wäre es eventuell sinnvoll, das vor versammelter Mannschaft im Team anzusprechen? Oder soll ich sie schriftlich abmahnen?»

Zugleich spielen mehrere Gefühle eine Rolle.

«Ich bin so enttäuscht von ihr, weil wir uns schon so lange kennen. Mich ärgert es, dass sie trotzdem unzuverlässig ist. Ich könnte die Angelegenheit sachlich angehen, aber ich möchte auch, dass sie weiß, wie sehr mich das ärgert. Aber mache ich mich dadurch nicht angreifbar? Ich habe Angst, dass sie mir vorwirft, ich solle mich nicht so anstellen, schließlich seien wir alte Freunde.»

Katharina Schöning schwankt. In ihren Worten wird deutlich, dass sie ihre berufliche Rolle noch nicht klar definiert hat. Es sind private Gefühle, die ihr dazwischenfunken.

2. Ihre Rolle

Im Fall von Katharina Schöning ist die Rolle durch ihre Position als Leiterin eigentlich klar definiert. Sie hat den «Hut» der Vorgesetzten auf, und ihr Arbeitgeber erwartet, dass sie dafür sorgt, dass alle pünktlich zum Dienst erscheinen. Dafür wird sie bezahlt. Um einen Konflikt zu vermeiden, würde sie sich am liebsten nur die Rosinen herauspicken und die angenehmen Leitungsaufgaben ausführen. Das ist verständlich, aber unrealistisch.

«Ich weiß, dass ich mich nicht drücken kann. Aber manchmal überfordert es mich, alle Rollen unter einen Hut zu kriegen. In Vertragsverhandlungen muss ich hart sein, in Krankheitsfällen verständnisvoll und gegenüber dem Hausmeister diplomatisch. Im Kontakt mit den Patienten einfühlsam, im Team sachlich und zielorientiert und in disziplinarischen Sachen ein harter Hund.»

Welchen Hut haben Sie gerade auf?

Zugegeben: Das kann ziemlich mühsam sein, denn kaum hat man sich an eine neue Rolle angepasst, kommt schon eine neue Aufgabe hinzu. Der berufliche «Rollenhut», den man aufhat, wechselt in manchen Unternehmen schneller als die Handygebühren. Die Rolle hinkt der inneren Wirklichkeit möglicherweise immer etwas hinterher. Dennoch ist es wichtig, sich klarzumachen, dass Rollen unserem Leben Orientierung geben. Sie helfen einem selbst und anderen herauszufinden, was man voneinander erwarten kann und was nicht.

«Als Chefin habe ich die Leitungsfunktion und muss zusehen, dass der Laden läuft. Ich habe gemerkt, dass ich nicht mehr ‹everybody's darling› sein kann. Irgendwie muss ich es schaffen, mich als Privatperson zurückzunehmen.»

Das ist ein wichtiger Punkt, denn in ihrer Rolle als Vorgesetzte hat sie nicht den «Rollen-Hut» der Freundin auf.

3. Ihre Ziele

Die Ziele leiten sich aus den Aufgaben ab, die Sie verfolgen wollen oder müssen, weil es Teil Ihrer Arbeit und beruflichen Rolle ist. Allerdings hat auch die «private» Katharina Interessen. Darum ist es notwendig, dass sie Privates von Beruflichem trennt.

«Mein persönliches Ziel besteht darin, sie als Freundin anzusprechen und ihr meine Enttäuschung mitzuteilen. Das bin ich ihr und mir schuldig. Mein berufliches Ziel ist ganz klar, dass sie sich an die Arbeitszeiten halten muss.»

4. Ihre Persönlichkeit

Damit ist allerdings das «Wie?» und «Wo?» noch nicht geklärt. Derartige Entscheidungen treffen wir in der Regel in Abstimmung mit unseren Überzeugungen und Werten. Unsere individuellen Stärken und Schwächen haben Einfluss auf unser Verhalten. Persönliche Empfindungen und Gefühle wollen austariert sein.

«Stimmt schon, ich bin eine Konflikt-Vermeiderin. Auf der anderen Seite aber sehr emotional. Das gehört zu mir. Außerdem sind mir harmonische Beziehungen wichtig. Mir liegt an meinem Job und an meiner Freundin. Ich suche einen Weg, fair zu sein, denn ich weiß aus eigener Erfahrung, wie es ist, für ein Fehlverhalten angeschnauzt zu werden.»

5. Ihre Mitmenschen

Im beruflichen wie privaten Alltag haben wir es natürlich auch mit der Lebenssituation, den Erwartungen, Interessen, Stärken und Schwächen unserer Mitmenschen zu tun. Ein wesentlicher Teil emotionaler Kompetenz besteht darin, die Erwartungen und Gefühle anderer richtig erfassen und einordnen zu können. Es ist ein Zeichen von Wertschätzung, auf sie eingehen zu können, selbst wenn Verständnis nicht gleichbedeutend ist mit Einverständnis!

> *«Ich weiß, dass meine Freundin zurzeit sehr belastet ist. Eines ihrer Kinder ist krank und die Ehe kriselt. Deswegen will ich sie nicht zu sehr unter Druck setzen.»*

6. Ihre Erfahrung

Bei der Einschätzung, wie Sie sich verhalten wollen, spielen natürlich Ihre bisherigen Erfahrungen im Umgang mit solchen Situationen eine wichtige Rolle: Betreten Sie Neuland und sind quasi Pionier? Oder verfügen Sie über Vorerfahrungen und haben bereits ein Repertoire entwickelt, auf das Sie zurückgreifen können? Lässt es sich modifiziert in der aktuellen Situation anwenden?

> *«Es ist es mein erstes Konfliktgespräch mit einer Mitarbeiterin, mit der ich auch eine persönliche Beziehung habe. Das macht es nicht gerade leicht, aber da muss ich durch. Eine Kollegin hat mir dazu geraten, zunächst das private Gespräch außerhalb des Arbeitsplatzes zu suchen und erst, wenn dadurch keine Verhaltensänderung eintritt, den offiziellen Dienstweg zu beschreiten.»*

7. Die Relevanz

Wenn Sie alle bisherigen Aspekte reflektiert haben, naht die Stunde der Entscheidung: Welchen Gesichtspunkten messen Sie die größte Bedeutung bei? Wie gewichten Sie? Welche Prioritäten wollen Sie setzen? Stellen Sie die Sache und die Aufgabe in den Vordergrund

und vernachlässigen die individuellen Befindlichkeiten? Oder berücksichtigen Sie die persönliche Situation stärker als die dienstlichen Belange?

«Ich weiß, dass meine Freundin angeschlagen ist und sehr kränkbar. Das will ich berücksichtigen. Ich werde sie anrufen, mich mit ihr in einem Café verabreden und ihr bei dieser Gelegenheit sagen, wie es mir mit dieser Situation geht. Sie soll wissen, dass ich enttäuscht bin, aber ich will nicht noch unnötig Druck auf sie ausüben. Allerdings muss ihr klar sein, dass sie trotz allem pünktlich zu sein hat. Auch wegen der Kollegen, die schon Bemerkungen machen und genervt sind. Sie schadet nicht nur uns, sondern auch sich selbst. Ja, dieser Weg fühlt sich stimmig an.»

Stimmigkeit

Wie Sie sehen, hat es eine ganze Weile gedauert, bis Katharina Schöning herausgefunden hat, welche Vorgehensweise für sie richtig ist. Gut, dass sie sich unwohl gefühlt hat, denn erst dadurch war sie motiviert, sich auf all diesen Ebenen Klarheit zu verschaffen. Die differenzierte Reflektion hat eine gute Grundlage für ein aus ihrer Sicht stimmiges Verhalten geschaffen. Möglicherweise hätten Sie vor dem Hintergrund Ihrer Erfahrungen und Ihrer Persönlichkeit einen anderen Weg gewählt, weil Sie anderen Gesichtspunkten mehr Bedeutung beigemessen hätten. Das ist normal, denn es gilt: Die Relevanz bestimmt die Resonanz!

Ich möchte Sie ermuntern, Freude an dieser reflektierten Form der Selbstentwicklung zu finden. Dann können Sie so Resonanz geben, wie Sie es für richtig halten. Es ist ungeheuer befriedigend, nach eingehender Reflektion zu einem stimmigen Verhalten zu finden. Dies wird selten perfekt sein, aber es wird durchdacht und «ausgefühlt» sein. Selbst wenn Sie im Nachhinein feststellen, dass es noch andere Optionen gegeben hätte, können Sie sich nicht vorwerfen, nicht nach bestem Wissen und Gewissen gehandelt zu haben.

Und die Promis?

Ich habe zum Abschluss noch einige Beispiele von Prominenten zusammengetragen, die auf ihre Weise mit dem Spagat zwischen Mensch und Rolle umgegangen sind. Helmut Schmidt gilt als authentisches Hamburger Original und Macher, der sagt, was er denkt. Doch stimmt das wirklich? Lässt er einen Blick auf seine wahren Gefühle zu? In seine Zeit als Bundeskanzler fiel die Entführung des Arbeitgeberpräsidenten Hans-Martin Schleyer. Mit ihm war Schmidt gut befreundet. Er hatte die Wahl zwischen zwei Übeln: Sollte er sich und den Staat durch die Forderungen der Entführer erpressen lassen oder hart bleiben und dadurch das Leben seines Freundes riskieren? Er haderte lange mit sich, was er tun sollte. In der Öffentlichkeit verkörperte er die Rolle des selbstsicheren Politikers. Gegenüber der Presse trat er zuversichtlich auf. Was wirklich in ihm vorging, zeigte er nicht. Zumindest sprach er in der Zeit der Krise nicht darüber. Erst Jahre später nahm er auf diese schwierige Situation Bezug. Er bekannte, dass es nicht seine Aufgabe gewesen sei, sein Innerstes nach außen zu kehren. Sein Job sei es gewesen, die Anforderungen zu erfüllen, und nicht, die Öffentlichkeit mit seinen Emotionen zu konfrontieren.

99 Luftballons

Die Popsängerin Nena, Mutter von vier Kindern und zweifache Großmutter, antwortet in einem Interview auf die Frage: «Wer sind Sie, wenn Sie nicht Nena sind?»

«Gabriele Susanne [das sind ihre richtigen Vornamen]. Kind, Tochter, Schwester, Mutter, Großmutter, Ehefrau, Musikerin, Popstar, Hausfrau. Ich fühle mich gut mit den verschiedenen Rollen. Früher hatte ich ein schlechtes Gewissen, weil ich viel gearbeitet habe und meine Kinder vernachlässigte. Dann kam irgendwann der große Knall. Ich bin nachts aufgewacht und habe bewusst entschieden, wieder mehr für sie und mich da zu sein.

*Am nächsten Morgen habe ich die Hälfte meiner Jahrestermine
abgesagt.»*

Sage, was du meinst, und meine, was du sagst

Der ehemalige brandenburgische Ministerpräsident Matthias Platzek legte 2006 bereits nach wenigen Monaten das Amt des SPD-
Vorsitzenden nieder. Er spürte, dass er sich überlastet hatte und als
Person der Rolle nicht mehr gewachsen war. Obwohl ihn hinter vor-
gehaltener Hand vermutlich der eine oder andere Politprofi als
«Weichei» abstempelte, bekam er dennoch viel ehrliches Mitgefühl.
Denn Platzek hatte erkannt, dass Selbstverausgabung und Idealis-
mus dazu führen, sich selbst fremd zu werden. Er spürte, dass er
durch die Ämterhäufung nicht mehr er selbst sein konnte. Matthias
Platzek nahm sein Unbehagen mit der neuen Rolle ernst und übte
Verzicht.

VI. Nein, nein, nein
Wie Konflikte helfen, zufriedener zu sein

Ich muss Sie gleich zu Beginn dieses Kapitels mit einer unangenehmen Wahrheit konfrontieren: Wenn Sie beginnen, sich selbst ernster zu nehmen und Ihren unguten Gefühlen Beachtung zu schenken, ist es wahrscheinlich, dass Sie Probleme bekommen. Denn nicht umsonst haben Sie es bisher vermieden, sich dieser unbequemen Auseinandersetzung mit dem Verdrängten zu stellen. Möglicherweise haben Sie außerdem gehofft, dass sich die Verstimmungen von alleine legen. Oder gar vom paradiesischen Zustand der vollkommenen Harmonie geträumt. Das ist durchaus nachvollziehbar. Es entspricht aber in den seltensten Fällen der Realität. Doch das ist gar nicht so schlimm. Denn die gute Nachricht lautet: An Widerständen und Konflikten wachsen wir.

Laufen lernen

Als Kind haben Sie beispielsweise gelernt, sich gegen die Schwerkraft aufzurichten. Als Sie Laufen lernten, sind Sie mehr als einmal hingefallen. Mit unermüdlichem Elan haben Sie versucht, sich aufrecht zu halten. Es hat Ihnen sogar Spaß gemacht, es wie ein Stehaufmännchen immer wieder zu probieren. Erst recht, als sie zum ersten Mal allein in die Arme Ihrer Mutter oder Ihres Vaters laufen konnten. Was für ein Vergnügen, über eine neue Fähigkeit zu verfügen!

Auch im Erwachsenenalter vollziehen wir notwendige Veränderungsschritte meist erst dann, wenn wir ins Stolpern geraten. Dadurch entwickeln sich Bewusstheit und Selbsterkenntnis. Der Coach Claus Nowak hat beobachtet, dass dieser Prozess stufenweise geschieht. Nach einer Phase des Nicht-wahrhaben-wollens dämmert uns allmählich, dass es uns schlecht geht; der daraus resultierende Leidensdruck trägt dazu bei, ein erstes Problembewusstsein zu schaffen. Wir werden uns darüber klar, worunter wir leiden. Erst dieses Aha-Erlebnis motiviert uns, nach Veränderungsmöglichkeiten zu suchen. Dann können wir konkrete Schritte unternehmen. Im Überblick sieht das so aus:

Die Stufen der Veränderung
1. Leugnung
2. Leidensdruck
3. Problembewusstsein (Aha-Erlebnis!)
4. Veränderungswille
5. Veränderungsschritte

Richtig spannend wird es in den Phasen drei bis fünf, denn in diesen bildet sich der Boden für eine tiefgreifende Suche nach konkreten Handlungsschritten. Die Bereitschaft, neue Wege zu gehen, überkommene Einstellungen und ungünstiges Verhalten zu ändern, wächst.

Mut hat Angst zur Voraussetzung

Sollten sich daraus Konflikte ergeben, empfehle ich Ihnen: Betrachten Sie Ihre «Gegenspieler» als verkappte Entwicklungshelfer. Ohne es zu merken, unterstützen Ihre Kontrahenten Sie nämlich darin, zu sich selbst zu stehen! Gegenwind hilft Ihnen dabei, Ich-Stärke zu entwickeln und Ihr neues Selbstbild zu dokumentieren. Wenn Ihnen bei diesem Gedanken mulmig wird, denken Sie daran: Mut hat Angst zur Voraussetzung. Betrachten wir mal, wie das konkret aussehen kann.

Moment mal!

Daniela Cerca arbeitet im Regieraum eines lokalen Fernsehsenders. Sie ist Bildregisseurin und dafür zuständig, die Kameraeinstellungen zu koordinieren. In den Vor- und Nachbesprechungen stellt sie eigene Ideen vor und mitunter kritische Fragen. Das gefällt ihrem cholerischen Chef gar nicht. Er raunzt sie an: «Halten Sie die Klappe und drücken Sie nur die Knöpfe.»

Schon seit Längerem leiden sie und das Team unter diesem Tonfall. Daniela Cerca hatte dies bislang vor sich selbst geleugnet:

«Ich habe mir das schöngeredet und gedacht, der ist eben so. Ich wollte als cool und belastbar gelten, allen zeigen, dass ich ein dickes Fell habe. Doch dann bekam ich vor jedem Meeting Kopfschmerzen und zittrige Hände. Ich konnte mir diese Nervosität zunächst nicht erklären und wollte nicht wahrhaben, dass es an ihm liegt.»

Da ihr Leidensdruck jetzt so groß geworden war, kam sie nicht mehr darum herum, den Tatsachen ins Auge zu sehen.

«Diese offene Aggression und Herabsetzung sind nicht mehr an mir abgeprallt. Ich war desillusioniert und musste akzeptieren, dass ich sensibel bin und auch am Arbeitsplatz einen wertschätzenden Umgang brauche. Die Medienbranche gilt als hammerhart, aber eine freundliche Ansprache sollte trotzdem möglich sein.»

Sie hatte ihr persönliches Aha-Erlebnis:

«Ich habe begriffen, dass ich ihn nicht ändern kann, wohl aber meine Reaktion auf diese Unverschämtheiten. Es war ein hartes Stück Arbeit, aber ich habe mich abgegrenzt und mir vorher überlegt, dass ich notfalls auch gehen würde.»

Nicht in diesem Ton

Ihr Veränderungswille war gewachsen, und sie war bereit, Konsequenzen zu ziehen. Auf dem nächsten Meeting positionierte sie sich ganz klar:

«Ich möchte Sie bitten, nicht in diesem Ton mit mir zu reden. Ich bin eine Frau, die sich gern einbringt, und wenn Sie das nicht zu schätzen wissen, bin ich hier wohl fehl am Platz!»

Dieser Schritt war ihr nicht leichtgefallen, aber sie erntete viel Anerkennung.

«Ich war so froh, als ich das raushatte. Nach der Besprechung kamen viele Kollegen zu mir und sagten, ich hätte ihnen aus der Seele gesprochen. Einer sagte: ‹Respekt, dass du da nicht gebuckelt hast!› Das ging runter wie Sahne!»

Der Chef nahm ihre Reaktion verblüfft zur Kenntnis. Er änderte sein Verhalten zwar nur geringfügig, aber:

«Zumindest wurde er in seiner Wortwahl mir gegenüber vorsichtiger und ließ mich ausreden. Mehr war wohl nicht drin, aber ich bin daran innerlich gewachsen und konnte abends wieder in den Spiegel gucken.»

Wie Sie an diesem Beispiel sehen können, gibt es keine Garantie, dass sich durch ein Nein die äußeren Begebenheiten zu Ihrer vollen Zufriedenheit verändern. «Wichtig ist nicht, woher der Wind bläst, sondern wie man die Segel setzt», heißt es in einem Sprichwort. Der Gewinn liegt in solchen Fällen im Zugewinn an Selbstachtung und Selbstvertrauen. Und beides ist für unser seelisches Wohlbefinden von unschätzbarem Wert!

Ich wollte, was ich musste

Der Therapieforscher Jerome Frank hat in einer Studie festgestellt, dass vielen psychischen Störungen ein geringes Selbstwertgefühl zugrunde liegt. Aus seiner Sicht ist der Aufbau des Glaubens an sich selbst und an den eigenen Wert für die seelische Gesundung das Wichtigste. Die «Wiederherstellung des Kampfgeistes» ist für ihn ein

Zeichen, dass der Mensch sich wieder mehr Wert beimisst. Genau darum geht es. Sich neu zu erproben und den eigenen Wert zu dokumentieren. Es kann Ihnen also nichts Besseres passieren als Gegenwind. Denn genau in diesen Momenten kommt es darauf an, die Segel richtig zu setzen.

Das falsche Selbst

Dazu benötigen Sie ein Selbstbild, das Ihnen erlaubt, sich auch für die scheinbar negativen Gefühle und Ihre Bedürfnisse kraftvoll einzutreten. Das geht jedoch nicht, wenn Sie sich ein «falsches Selbst», wie es der Psychoanalytiker D. W. Winnicott nennt, aufbauen mussten. Es bildet sich, wenn Sie in der Kindheit erfahren haben, dass wichtige Bezugspersonen einige Ihrer Fähigkeiten besonders hervorhoben und andere gar nicht bestätigten. Um sich Anerkennung zu sichern, haben Sie dann gelernt, nur noch das Gewünschte zu präsentieren und einen wesentlichen Teil von sich zu verbergen. Das Kind wird dann so, wie die Eltern es haben möchten. Das falsche Selbst folgt der Devise: «Ich bin und werde das, was die Welt von mir erwartet. Ich identifiziere mich vollständig mit den Wünschen einer Beziehungsperson.» Sie erbringen dann möglicherweise bis ins Erwachsenenalter eine übertriebene Anpassungsleistung. Eine traurige Patientin erinnert sich:

«Ich wollte, was ich musste. Ich habe mich bedürfnislos gemacht und wie eine Erwachsene verhalten, obwohl ich fast noch ein Kind war.»

Darin besteht das Drama von Menschen, die zu früh lernen mussten, für andere zu sorgen. Sie werden zu Erfüllungsgehilfen der Bedürfnisse anderer. Oder sie gehen Konflikten aus dem Weg, zeigen sich niedlich und hilflos, anstatt erwachsen und altersgemäß für ihre Interessen einzutreten. Sie werden zu «erwachsenen Küken» und appellieren an den Schutzinstinkt ihrer Partner. Uta Döbeling kennt dieses Verhaltensmuster aus eigener Erfahrung. Sie ist

Kulturwissenschaftlerin und erhält von Zeit zu Zeit Anfragen für Interviews.

«Viele Jahre habe ich mich kleingemacht und bereitwillig zur Verfügung gestellt. Ich habe mich sorgfältig vorbereitet und fast demütig die Fragen über mich ergehen lassen. ‹Tut mir bloß nicht weh, ich will brav sein›, in etwa so habe ich mich präsentiert. Danach war ich jedes Mal ganz fertig und ärgerte mich darüber, dass ich so viel gegeben hatte, ohne etwas zurückzubekommen. Oft nicht mal ein Dankeschön. Ich habe daran gedacht, dafür Geld zu verlangen, doch eine innere Stimme fragte ständig: Darf ich das?»

Jetzt erst recht!

Uta Döbeling hadert mit sich selbst. An ihrer zögernden Frage können Sie erkennen, dass sie sich noch in einer kindlichen Position befindet. Es scheint so, als würde sie eine Antwort von außen erwarten, vielleicht von einem Elternteil, der sie ermuntert. Doch warum beantwortet sie sich diese Frage nicht selbst?

«Ich bin überangepasst und innerlich noch nicht frei. Ich habe Angst vor meiner rebellischen Seite, die mir so wuchtig erscheint. Ich weiß noch nicht, wie ich mein Bedürfnis nach finanzieller Anerkennung ausdrücken soll.»

Das ist ein wesentlicher Punkt. Denn das Tonmaterial, mit dem sie ein Bedürfnis zum Ausdruck bringen könnte, reicht von «Ich muss es unbedingt haben, jetzt und sofort» über «Ich fordere», «Ich will» und «Ich möchte gern» bis hin zu «Ich würde mir wünschen» und «Bitte denken Sie daran». Als der Anruf eines Fernsehsenders kam, entschied sie sich dafür, Klartext zu reden:

«Als mir klar wurde, wie zeitaufwändig das werden würde und ich behandelt wurde wie ein Requisit, habe ich gedacht: Nein, so nicht! Jetzt fordere ich erst recht, was mir zusteht. Ich habe mich gerade gemacht und verdeutlicht, dass mein Beitrag Wertschätzung verdient. Dann habe ich klargestellt, dass ich für diese Dienstleitung Geld verlange.»

Uta Döbeling ist über ihren kindlichen Schatten gesprungen und dabei erwachsen geworden.

«Ich bin um Zentimeter gewachsen und war ungeheuer stolz auf mich. Der Sender hat mich zwar zwei Tage zappeln lassen, mir letztlich aber doch Geld angeboten. Jetzt weiß ich, wie gut es tut, nicht nur zu bitten, sondern auch mal zu fordern!»

Das verleugnete Selbst

Sie hat durch diesen Schritt einen bislang abgespaltenen Teil ihrer Persönlichkeit integriert, den der Säuglingsforscher Daniel Stern das verleugnete Selbst nennt. Im Speicher des verleugneten Selbst befinden sich die unerwünschten Gefühle, Impulse, Wünsche und Fähigkeiten, zu denen man bislang nicht stehen konnte, weil sie keiner haben wollte:

«Sei nicht traurig, sonst ist Mami auch traurig.»
«Wir wollen doch nicht wütend sein.»
«Kinder, die was wollen, kriegen was auf die Bollen.»
«Sei stark und kein Schwächling.»

Und schon verschwinden Trauer, Wut, eigener Wille und Schwäche im Keller des Unbewussten. Passen Sie sich diesem Diktat zu sehr an, entfremden Sie sich von sich selbst. Ihnen wird dann von außen eine Identität «verschrieben», die Sie innerlich nicht mit Leben füllen können. Ich möchte an dieser Stelle darauf hinweisen, dass dies nichts mit geringem Selbstvertrauen oder Selbstwert zu tun hat! Denn

Selbstvertrauen hat ein Gefühl für sich selbst zur Voraussetzung. Was einem Menschen mit diesen Erfahrungen fehlt, ist ein gutes Selbstgefühl. Es beinhaltet das Wissen darüber, was wir wirklich fühlen, und die Gewissheit, dass wir angenommen sind. Dies bildet sich früh in der Interaktion mit unseren Bezugspersonen und lässt sich gut an der Reaktion frischgebackener Eltern beschreiben, die zum ersten Mal stolz ihr schlafendes Baby betrachten: «Ist dieser neue Mensch nicht etwas Wunderbares?» Sie freuen sich über ihr Kind allein deshalb, weil es da ist und weil es so ist, wie es ist. So entsteht ein tragfähiges Fundament für das Selbstgefühl. Es hat eine existenzielle Qualität: «Ich bin wertvoll und okay, einfach weil ich da bin.»

Fühl-Kompetenz

Konnte man dieses Selbstgefühl entwickeln oder sich im Laufe der Jahre erarbeiten, ist dies wie eine innere Säule, an der man sich aufrichten kann. Das ist der Grund, warum ich Sie in diesem Buch immer wieder bitte, sich Ihrer Gefühlswelt achtsam zu nähern und Ihre wirklichen Gefühle und Bedürfnisse zu erspüren. Dadurch fördern und schützen Sie Ihr Selbstgefühl, Sie entwickeln Fühl-Kompetenz. Selbstvertrauen und die Kraft, sich abzugrenzen, kommen dann meist ganz von allein. Selbst wenn man dann, beispielsweise beim Klavierspielen, entdeckt, dass man unmusikalisch ist, wird man sich nicht in Grund und Boden verdammen – «Ich tauge zu gar nichts, ich bin zu dumm» –, sondern nüchtern reagieren: «Das ist wohl nichts für mich, ich suche mir etwas, was mir mehr liegt.» Spüren Sie den Unterschied?

Wie wichtig das Gefühl für sich selbst ist, merkte Nadine Overhoff, die in einen Konflikt mit ihren Freundinnen geraten war. Sie hatte ihre Magisterprüfung bestanden. Zuvor hatte sie wochenlang gelernt und sich nebenher noch um ihre Kinder gekümmert.

«Nach der letzten Prüfung meinten meine Freundinnen, ich müsse mich jetzt doch freuen und stolz sein. Ob ich mir das nicht wert sei. Ich habe die ganze Nacht darüber gegrübelt und dann

gemerkt, dass ich es mir sehr wohl wert bin, mich feiern zu lassen. Aber mir war einfach nicht danach. Ich war viel zu erschöpft und müde, sogar traurig, dass es vorbei war.»

Ein gutes Gefühl für sich selbst zu entwickeln ist sehr befriedigend, denn es entspringt dem Bewusstsein unserer wahren Gefühle, unserer Anlagen, Fähigkeiten und Bedeutung. Das erlebte auch Nadine Overhoff:

«Erst als ich mir meine wirklichen Gefühle zugestanden hatte, ging es mir besser. Ich war wieder ganz bei mir selbst, und das war tief befriedigend. Erst Tage später kam die Freude so langsam angekrochen! Außerdem war es schön zu spüren, wie sehr mich meine Freundinnen mochten, denn eigentlich meinten sie es gut – und jetzt freue ich mich auf meine Abschlussparty!»

Ein kribbelndes Power-Paket

Das Bewusstsein für das verleugnete Selbst und der Veränderungswille bilden ein lebendiges Duo. Als kribbelndes Power-Paket bahnen sie den Weg zum «wahren Ich», wie es eine Kursteilnehmerin nannte. Man erkennt es an der subjektiv wahrgenommenen Übereinstimmung des Verhaltens mit den eigenen Gefühlen. Wir erleben uns authentisch: «Ja, so bin, das macht mich aus!» Es scheint so, als gäbe es eine Echtheitsinstanz in uns, die intuitiv mitbekommt, was wirklich los ist. Das falsche Selbst anderer spürt man an den Gefühlen, die jemand in einem auslöst. Falsche oder wirkungsvoll eingesetzte Emotionen rufen Misstrauen hervor. Sofort ist man alarmiert! Echte Gefühle hingegen übertragen sich unmittelbar, und man empfindet aufrichtiges Mitgefühl. Das echte Gefühl kommt aus der Tiefe des Erlebens.

«Na gut», sagen Sie, «aber ich kann ja nicht den ganzen Tag auf dem Selbsterfahrungstrip meine Neigungen ausleben.» Das stimmt. Dafür sorgt unser «soziales Selbst». Es hat die Fähigkeit, sich zu fügen und sozial akzeptiertes Verhalten zu entwickeln. Es kann Kompromisse eingehen und sich anpassen. Allerdings darf diese Anpassung nicht einseitig sein! Der Verzicht auf wichtige Bedürfnisse lähmt sonst Ihre Leistungsfähigkeit, Arbeits- und Lebensfreude. Wenn Sie eine innere Rebellion gegen äußere Anforderungen verspüren, ist das ein sicherer Hinweis darauf, dass Sie Ihr Selbstbild und Ihre Rolle neu definieren sollten. Es kann sein, dass ein wichtiger Aspekt Ihrer Persönlichkeit an die Tür klopft und hereingelassen werden will. Daniel Stern hat nämlich entdeckt, dass es in unserem Unbewussten ein weiteres «Eckchen» gibt, in dem jene Selbstanteile schlummern, die weder bestätigt noch kritisiert wurden. Dies können Neigungen, Interessen und Fähigkeiten sein, von denen man selbst und andere gar nicht ahnten, dass es sie gibt. Dann ist es gut, einen Blick durch den Türspion zu riskieren, um zu sehen, was da Einlass begehrt. Sagen Sie zumindest «Hallo» und erkundigen Sie sich, was der Besucher möchte. Nicht selten findet man Zugang zu neuen Facetten seiner Persönlichkeit.

«Ich wusste gar nicht, dass es mir so viel Spaß macht zu tanzen, ich habe mich immer für einen Partymuffel gehalten.»
«Ich wusste gar nicht, dass ich eine so schöne Stimme habe und mir Singen überhaupt Freude bereitet.»
«Mir war gar nicht klar, wie lustvoll Schlittenfahren sein kann. Das ist ja besser als Sex.»

Lustvolle Reifeprüfung

Wenn Sie in der Vergangenheit zu scheu waren, Konflikte einzugehen, wird Ihnen eventuell die Vorstellung gefallen, dass man daran durchaus lustvoll reifen kann. So wie ein Kind Freude an seinen Fortschritten empfindet – und zu Recht stolz darauf ist –, können auch Sie als Erwachsener Ihre Entwicklungslust neu entdecken. Ich möchte Sie zu einem Gedankenspiel einladen:

Der schwere Weg ist leichter

Wenn Sie zwischen einem leichten und einem schweren Weg wählen müssten, welchen würden Sie wählen? Vermutlich den leichteren, oder? Einige Buddhisten raten hingegen dazu, den schweren Weg zu nehmen. Sie sagen: Er wird die besten Seiten in dir zum Vorschein bringen! Denn was geschehen kann, wenn man es sich zu leicht macht, verdeutlicht die folgende Geschichte.

Der Baum

Ein Gärtner beabsichtigte, einen neuen Baum zu pflanzen. Er sollte die besten Voraussetzungen zum Wachsen haben. Also hob er weiträumig den Boden aus und entfernte alles, was den Wurzeln im Wege war. Dann nahm er die weichste Erde, schüttete sie in die Vertiefung und setzte den jungen Baum hinein. Die Wurzeln sollten sich ungehindert entfalten können und sich nicht durch harten Boden kämpfen müssen. Kein Stein sollte ihre Bahnen stören.

Der Baum wuchs schnell in die weiche Erde hinein. Er begann, seine Wurzeln auszubreiten, und mit aller Kraft schoss er in die Höhe. Der Gärtner sah es mit Freude und gab dem Baum die beste Düngung. Er schnitt ihm den Weg zum Licht frei, indem er alle Pflanzen in der Umgebung beseitigte. So brauchte der Baum sich nicht mühen und hatte Nahrung, Licht und Helligkeit im Überfluss. Schließlich war er zu beträchtlicher Höhe emporgeschossen.

Da geschah es, dass eines Tages ein Sturm mit gewaltigen Böen über das Land brauste. Der Wind griff nach dem Baum und zerrte an seinen Ästen. Da die Pflanzen in der Umgebung alle kurz gehalten waren, traf ihn die Gewalt des Sturmes schutzlos. Für einen Baum dieser Größe wäre es ein Leichtes gewesen, dem Sturm zu widerstehen, doch die Wurzeln griffen nur in weichen Boden. Sie fanden keinen Halt und keinen Stein, den sie umklammern konnten. Nirgendwo hatten sie sich durchgekämpft, nirgendwo sich Platz schaffen müssen. So drückte der Sturm den schönen Baum zur Seite, riss ihn mitsamt seinen Wurzeln aus und warf ihn zu Boden.

Wachsen an Widerständen

Eine gute Standhaftigkeit und die Fähigkeit, ganz bei sich zu bleiben, ist auch im beruflichen Alltag gefragt. Petra Brunnenbauer ist in ihrem Unternehmen für Human Ressources zuständig. Zu ihren Aufgaben gehört es, auf Konferenzen Vorträge über die Personalentwicklung zu halten. Das macht sie eigentlich gern – aber: Nach einer Präsentation bittet ihr Vorgesetzter sie zu sich:

«Sie müssen mehr aus sich herauskommen, Frau Brunnenbauer. Die Leute mehr mitreißen, kleine Witzchen einbauen, so macht man das heute!»

Petra Brunnenbauer ist überrascht, denn sie ist mit ihrem Vortragsstil ganz zufrieden. Sie hat sich im Laufe der Jahre eine gewisse Gelassenheit im Umgang mit Vorgesetzten erarbeitet.

«Ich kenne das schon. Meine Chefs haben gerade ein neues Motivationsbuch für Manager gelesen oder sind auf einem Seminar für Führungskräfte topmotiviert worden, ihre Mitarbeiter noch besser zu machen. Es ist mir am Anfang nicht leichtgefallen, mich von den ständigen Appellen, noch mehr aus mir zu machen, abzugrenzen. Doch ich bin nun mal nicht so extrovertiert, wie es manche gerne hätten. Das habe ich meinem Chef auch so gesagt. Ich würde mich unwohl dabei fühlen, als ‹Tschacka-Typ›

aufzutreten und den Saal ‹zum Kochen zu bringen›, wie er es
gerne hätte. Außerdem hatte ich den Eindruck, dass meine ru-
hige Art durchaus ankommt. Die Zuhörer waren konzentriert
bei der Sache, und am Schlussapplaus konnte ich ablesen, dass
es ihnen gefallen hatte. Man muss die Kirche auch mal im Dorf
lassen.»

Wie Sie sehen, lässt sich Kritik gut als Steilvorlage für selbstbewuss-
tes Auftreten nutzen!

Wofür wollen Sie stehen?

Der Anpassungs- und Konformitätsdruck hat auch seine guten Seiten, denn er fordert dazu auf, die eigene Identität immer wieder neu
zu entwerfen. Es ist wie ein Flickenteppich oder ein Quilt, den Sie
von Zeit zu Zeit verändern. Das kann stimulierend wirken, aber
auch Identitätskrisen hervorbringen. Die Reifeprüfung besteht darin, diesen Wandlungsprozess anzunehmen und aktiv zu gestalten.

Wie Sie an den bisherigen Beispielen sehen konnten, muss man
die Balance zwischen Anpassung und Überzeugung stets neu austa-
rieren. Prüfen Sie einmal selbstkritisch, wie es bei Ihnen aussieht.
Erwischen Sie sich manchmal dabei, wie Sie Zustimmung heucheln,
obwohl Sie anders empfinden? «Toller Vorschlag, Chef!» Dieses Verhalten fällt sicher nicht in die Kategorie «Lügen und Betrügen», sondern man verschweigt einfach die Wahrheit. Manchmal gibt es dafür
strategische Gründe, und man denkt: «Den muss ich mir warmhal-
ten. Er kann mir später noch mal nützlich sein!» Doch wie oft kann
man sich auf die Zunge beißen, ohne dass sie abfällt? Wie lange trägt
die Maske des freundlichen Schmeichlers, den andere durchaus als
«Arschkriecher» erleben? Jeden Tag ein bisschen Selbstverleugnung?
Die Frage lautet: «Wie viel ehrliche Haut möchten Sie zu Markte
tragen?» Spätestens wenn es ans Eingemachte geht, ist es für unser
Selbstwertgefühl wichtig, Farbe zu bekennen.

Die Sopranistin Christiane Karg wurde 2009 von der Zeitschrift *Opernwelt* zur Nachwuchssängerin des Jahres gekürt. Ihr Talent ist enorm. Kritiker schwärmen in den höchsten Tönen: «Die Höhe blüht und weitet sich, das Forte strahlt, das Pianissimo trägt, technische Probleme in Ton-, Farb- und Phrasenbildung scheinen nicht zu existieren.»

Wie jeder Sänger weiß, ist so etwas nur möglich, wenn man gut geerdet ist und eine Stütze in Bauch und Becken hat. Nur wer da gut verwurzelt ist – anders als der Baum, der es leicht haben sollte –, kann zu solchen Höhenflügen ansetzen. Ihr Durchbruch kam unspektakulär. Sie nahm an einem Wettbewerb der Bertelsmannstiftung teil und gewann den sechsten Preis. Sie hatte lediglich eine ihrer Mägderollen aus *Don Giovanni* präsentiert. Hören wir, was sie dazu sagt:

> *«Klar, dass eine Traviata oder Isolde die Jury mehr beeindruckt (hätte). Aber das bin ich nicht und werde es vielleicht auch nie werden.»*

Sie wollte sich nicht verstellen und hielt dem Erwartungsdruck stand. Erinnern Sie sich noch an zwei wichtige Bestandteile der Authentizität? Die Selbsterkenntnis und Objektivität in eigener Sache. Christiane Karg hat sich nicht in widersprüchliche Rollen pressen lassen. Sie hatte damit Erfolg. Der Intendant der Frankfurter Oper war von ihrem reflektierten Selbstverständnis so angetan, dass er sie gleich für sein Ensemble engagierte.

Ich bin wirklich anders

Um sich derart von den Erwartungen anderer abgrenzen zu können, muss man sich ernst nehmen. Einem Nein geht stets eine innere Bejahung voraus. Hat man diese entwickelt, ist es sogar möglich, sich mit einem Augenzwinkern abzugrenzen. Jeniffer Jansen, Kauffrau in der Reisebranche, leidet unter dem schlechten Betriebsklima. Ihre Vorgesetzte überschüttet sie mit Arbeit und zieht sich selbst aus der Verantwortung. Dennoch bekommt sie fortwährend zu hören:

«Laufen Sie gefälligst nicht mit so einer Leidensmiene herum!»

Jeniffer Jansen ist empört, weil sie Überstunden angehäuft hat und auch die Kolleginnen bereits unter der Arbeitsbelastung leiden. Sie kommt sich ungerecht behandelt vor, und eine Aussprache hat keine wirkliche Entlastung gebracht. Nun auch noch so zu tun, als ob sie gut gelaunt wäre, kommt ihr «falsch» vor. Sie findet jedoch eine entwaffnende Entgegnung auf die Aufforderung ihrer Vorgesetzten:

«Gern, wenn Sie mir Grund zum Lachen geben!»

Ja, ich leide! Wo ist dein Problem?

Dennoch gibt es Situationen, in denen der Spaß aufhört. Ein junger Mann versuchte sich als Handyverkäufer über Wasser zu halten. Er geriet in einen Gewissenskonflikt. Sein Chef forderte ihn auf, eine bestimmte Marke «knallhart durchzudrücken, gerade bei Rentnern und solchen, die keine Ahnung haben». Eine Weile gab er dem Druck nach, bis er erkannte:

«Ich habe Kunden was angedreht, was die gar nicht wirklich brauchten. Das hat mich krank gemacht.»

Sei, der du wirklich bist!

Er litt unter Schlafstörungen und Panikattacken. Doch er nahm sein Unbehagen ernst, und ihm wurde klar, dass sein Chef kein gutes Vorbild war.

«So wie der wollte ich nicht werden. Es hat lange gedauert, bis mir klar wurde, dass ich mich verrannt hatte. Es tat so gut, als ich die Trauer und den Schmerz darüber endlich ausdrücken konnte. Da habe ich begriffen, dass ich wirklich anders bin und anders sein möchte.»

Er überwand seine Angst, keinen neuen Job zu finden, und kündigte. Heute ist er mit sich im Reinen, denn er hat erkannt:

«Ich wollte abgebrüht und männlich sein. Erst durch die Gespräche mit meiner Freundin wurde mir klar, wie hohl das ist. Jetzt weiß ich, dass mir Fairness und Ehrlichkeit etwas bedeuten. Ich will seriös arbeiten und beraten.»

Ich bin mies drauf – und ich stehe dazu!

Wie Sie an diesem Beispiel sehen können, kann es weitreichende Konsequenzen haben, wenn man beginnt, sich ernst zu nehmen. Aber das muss nicht schlecht sein, denn das Verharren in einer unbefriedigenden und krankmachenden Situation hat erst recht Konsequenzen, und zwar eindeutig negative. Ich möchte Sie also ermuntern, zu Ihren Bedürfnissen und Gefühlen zu stehen. Sagen Sie: «Ja, mir geht es schlecht und ich stehe dazu.» Das gibt Kraft! «Oder hast du ein Problem damit?» Wie Sie sich diese Haltung erarbeiten und bewahren können, erfahren Sie auf den nächsten Seiten.

VII. Wer sich treu bleibt, lacht am längsten
Wie sich Persönlichkeit und Rolle stimmig miteinander vereinbaren lassen

Ich habe den Eindruck gewonnen, dass nachhaltige persönliche Veränderungen weniger durch «Kraftakte» als durch behutsames Vorgehen ermöglicht werden. Die amerikanische Psychologin Barbara L. Fredrickson, die sich mit der Frage befasst, was uns innerlich wachsen lässt, bestätigt das: «Alle langfristigen Effekte werden von relativ sanften Gefühlsveränderungen ausgelöst.» Wir blühen auf, wenn wir uns selbst gegenüber aufmerksam sind und sowohl die positiven wie die negativen Gefühle erlauben. Dann sind wir innerlich im Fluss. Und den kann man sich erhalten, indem man auf bestimmte Verhaltensweisen verzichtet, wenn es einem schlecht geht.

Die Not-to-do-Liste
- Sich verteidigen: Sie müssen sich nicht rechtfertigen!
- Sich erklären: Sie müssen den genauen Grund nicht sofort wissen!
- Sich unter Druck setzen: Sie müssen nicht schnell wieder gut drauf sein!
- Sich anpassen: Sie müssen nicht dem andern zuliebe gleich wieder gute Laune vortäuschen!
- Sich überfordern: Sie müssen nicht alleine damit klar kommen!

Sehen wir uns mal an, wie schnell das im Alltag passieren kann. Joachim Kerner ist Fotograf. Er hat bereits einen Preis für seine Arbeiten gewonnen, und dennoch versuchen Kunden immer wieder, sein Honorar zu drücken. Dann vergreift er sich schnell im Ton. Er weiß, dass sich dahinter eine große Unsicherheit verbirgt:

*«Das geht mir gehörig auf den Keks. Meist werde ich dann flatt-
rig oder so böse, dass ich den ganzen Auftrag hinschmeißen will.
Mir fällt es schwer, meine Forderungen klar zu formulieren und
dazu zu stehen. Ich fange an, mich zu rechtfertigen, weil ich
fürchte, den Auftrag zu verlieren.»*

Er hat lange mit sich gehadert und letzten Endes entschieden, sich
selbst treu zu bleiben. Für ihn ist wichtig geworden, zu seiner Persönlichkeit und seinem Wert zu stehen.

*«Eigentlich bin ich ein heiterer Mensch, und der will ich auch in
einem Interessenkonflikt bleiben. Ich will für Wahrhaftigkeit stehen, meinen Kunden sagen, dass mich das Feilschen unangenehm
berührt. Das ist zwar legitim, aber mich stört es, wenn jemand
trotz mehrfacher Signale, dass gute Arbeit eben einen Preis hat,
nicht locker lässt.»*

Er hat an sich gearbeitet und sich ein klares Ziel gesetzt:

*«Kunden, die meine Bilder zu einem Spottpreis kaufen wollen,
sind bei mir falsch. Ich nehme es mittlerweile nicht mehr persönlich, sondern sage deutlich, dass ich nicht mit Auftraggebern zu-
sammenarbeite, die den Wert meiner Arbeit nicht zu schätzen
wissen.»*

Hier steh ich, ich kann nicht anders

Dieser Satz von Martin Luther hat Kraft. Er markiert eine tiefemp-
fundene Entscheidungssituation. So, als ginge es um Leben und Tod.
Ich muss für meine Überzeugungen eintreten, sonst verliere ich den
Respekt vor mir selbst. Kennen Sie solche Momente? Situationen, in
denen Sie gespürt haben: «So geht es nicht! Nur über meine Leiche!»
Das sind die Augenblicke wahrer Authentizität. In solchen Momen-

ten scheint es so, als hätte man keine Wahl. Natürlich hat man die Wahl. Doch eine innere Instanz weiß ganz genau, dass ich mich selbst verletze, wenn ich nicht für mich einstehe. Man würde einen wesentlichen Teil seiner Persönlichkeit opfern, die eigene Integrität. Die ehemalige Vorsitzende der Evangelischen Kirche Deutschlands, Margot Käßmann, entschloss sich 2010 zum Rücktritt, nachdem sie in angetrunkenem Zustand eine rote Ampel überfahren hatte. Sie begründete diesen Schritt so:

«Mir geht es neben dem Amt auch um Respekt und Achtung vor mir selbst und um meine Geradlinigkeit, die mir viel bedeutet ... Ich weiß aus vorangegangenen Krisen: Du kannst niemals tiefer fallen als in Gottes Hand. Für diese Glaubensüberzeugung bin ich auch heute dankbar.»

Für einen gläubigen Menschen ist es vermutlich leichter, dieses Gottvertrauen zu entwickeln. Die Treue zum «göttlichen Entwurf», so «wie Gott dich von allem Anfang an gemeint hat», wie es heißt, lässt sich jedoch ins Weltliche übertragen. Wenn man befürchtet, keine Kontrolle mehr über sein Leben zu haben, und Gefahr läuft, sich selbst zu verlieren, ist es tröstlich zu wissen, das man sich jederzeit wiederfinden kann. Es sind die irritierenden Gefühle, die einem dabei helfen.

So kannte ich mich gar nicht

Im Leben von Helmut Kaufmann, einem 43-jährigen Angestellten aus der Pharmabranche, bricht sich die Kraft einer aufgestauten Unzufriedenheit unangemessen Bahn. Er bemerkt eine «fast unheimliche Kraft» in sich. Ihm wird klar, dass diese großen Schaden anrichten könnte, wenn er ihr freien Lauf ließe.

«Ich hatte urplötzlich den Impuls, laut zu schreien und meinen ganzen Frust herauszubrüllen. So kannte ich mich gar nicht. Sogar dem Busfahrer wollte ich an die Wäsche gehen, weil er

nicht pünktlich losgefahren ist. Da habe ich gemerkt, dass mit mir was nicht stimmt und ich aus irgendeinem Grund unausgeglichen bin. Das hat mir Angst gemacht! Ich möchte mit meinem Zorn niemanden verletzen oder gar Amok laufen!»

Zugleich macht er sich große Sorgen, weil er den Ursachen für seinen unbändigen Ärger noch nicht auf die Spur gekommen ist. Das ist verständlich, denn man fühlt sich besser, wenn man seine Gefühle in einen stimmigen Zusammenhang einordnen kann. «Wer die Welt in Ordnung bringen will, gehe zuerst dreimal durchs eigene Haus», heißt es. Das ist besonders wichtig, wenn der Leidensdruck groß ist, denn er will entziffert und verstanden werden. Nur dann kann man den richtungweisenden Antrieb sinnvoll nutzen. Würde die Angst von Helmut Kaufmann eine Stimme erhalten, könnte sie sagen: «Halte inne und prüfe, ob es Konflikte gibt, vor denen du fliehen möchtest.»

Die Autorität der Angst

Angst zwingt zur Verlangsamung und zur vertieften Selbstauseinandersetzung. Sie verfügt über eine natürliche Autorität, der sich niemand entziehen kann. Sie stellt dem Betroffenen gewissermaßen ein Bein, er muss sich sammeln und die Kräfte neu bündeln. Angst fordert unmissverständlich zum Zeitlupentempo auf und lädt ausdrücklich dazu ein, eine Realitätsprüfung vorzunehmen. Darin liegt ihre Stärke und ihre irritierende Kompetenz. Seine Furcht zu bekämpfen, wäre töricht und reine Energieverschwendung. Sie ernst zu nehmen, den Appell zur Selbstprüfung aufzugreifen und sich mit ihr anzufreunden, darin liegt die Kunst. Dann lässt sich ihre Weisheit und Kraft nutzbar machen. Sie fungiert wie ein muskelstrotzender Türsteher vor der Disko, der einem den Eintritt verweigert. Sich mit ihm anzulegen und ihn aggressiv zu bekämpfen fordert ihn nur noch mehr heraus. Besser ist es, sich mit ihm gut zu stellen, denn das erhöht die Chance, eingelassen zu werden.

Auch Helmut Kaufmann muss sich der Kraft seiner unguten Gefühle beugen. Sie kommen ihm zunächst störend vor, weil sie seinen Alltag durcheinanderbringen. Es ist so, als würden ihm seine unerklärlichen Wutausbrüche die Pistole auf die Brust setzen und ihn auffordern, rauszurücken, was ihm auf der Seele lastet. In seinem Fall wird deutlich, wie unzufrieden er mir seiner Arbeitssituation ist:

«Am Arbeitsplatz werde ich ausgepresst wie eine Zitrone und andauernd mit neuen Aufgaben überschüttet. Ich merke erst jetzt, wie viel Frust und Ärger sich in mir angestaut hat. Andere machen sich einen lauen Lenz und an mir bleibt alles hängen. Das muss sich ändern.»

Er setzt sich intensiv mit seinen irritierenden Impulsen auseinander und begreift, dass sein Leben aus der Balance geraten ist:

«Auch meine Familie leidet darunter. Ich bin unausgeglichen und verhalte mich einsilbig oder reagiere gereizt auf kleinste Anforderungen meiner Frau oder der Kinder.»

Das Sein kitzelt das Bewusstsein

Es scheint so, als würde gerade diesen unbequemen Gefühlslagen eine gewisse Intelligenz innewohnen. Sie kitzeln unser Bewusstsein und stellen alte Wahrnehmungsgewohnheiten in Frage. Ihre Stärke besteht darin, auf Dissonanzen in der Lebensführung hinzuweisen und den Seelenfrieden kräftig durchzuschütteln. Wie ein plötzlicher Wechsel der Harmonie in einem Musikstück oder ein überraschender Taktwechsel lassen sie aufhorchen. Augenblicklich will man wissen, was ist da los? Man blickt zurück, lässt die letzten Tage und Wochen Revue passieren, sucht nach Auslösern und Erklärungen für die missliche Lage. Das alles nur wegen eines unguten Gefühls! So stark ist eine gefühlte Dissonanz.

Zugleich weckt sie Kräfte zu ihrer Beseitigung. Das Wort Leidensdruck weist bereits darauf hin, dass Kräfte wirken, die mit Druck
etwas bewirken möchten. Es gilt, die verborgene Botschaft wie eine
Partitur zu entschlüsseln, um die darin gebundene Energie wieder
ins Fließen zu bringen und für einen Veränderungsprozess nutzbar
zu machen. Denn letzten Endes strebt man das gute Gefühl an, wieder mit sich im Reinen zu sein. Sicher würden auch Sie sich freuen,
wenn Sie störende Gefühle überwinden könnten. Die Aussicht auf
eine neue innere Harmonie beflügelt und motiviert uns. Zugleich ist
es außerordentlich wichtig, mit Bedacht vorzugehen. Im Falle von
Martin Kaufmann geht es darum abzuwägen, wie er mit den erkann-
ten Unstimmigkeiten umgehen will. Würde es ihm tatsächlich Entlastung verschaffen, seinen Frust in öffentlichen Verkehrsmitteln
herauszuschreien? Könnte er sich mit der Devise «nach oben buckeln
und nach unten treten» anfreunden? Und was bedeutet in seiner
Situation «authentisch» zu sein? Sollte er seiner Wut freien Lauf lassen? Doch er erkannte bald:

> *«Ein unreflektiertes Ausagieren ist vollkommen fehl am Platz.
> Ich möchte überlegt vorgehen.»*

Mut-Anfall statt Wut-Anfall

Authentisch zu sein, heißt in seinem Fall, sich seiner Lage und der
darin verborgenen Konflikte bewusst zu werden. Das bedeutet, Licht
ins Dunkel zu bringen und herauszufinden, was unter Berücksichtigung seiner Persönlichkeit und seiner Werte stimmig sein könnte. Er
entscheidet sich statt eines Wut-Anfalls zu einem Mut-Anfall. Dieser
besteht darin, offensiv die Auseinandersetzung mit seinem Chef zu
suchen. Martin Kaufmann erkennt die Signale und fasst sich ein
Herz:

«Ich suche das Gespräch mit meinem Vorgesetzten und sage ihm, dass es so nicht weitergeht. Ich will weder meine Gesundheit noch meine Familie ruinieren – und meine Arbeitskraft und Lebensfreude auch nicht!»

Das Eigene hat Autorität

Wie Sie an diesem Beispiel erkennen können, scheint es eine Instanz in uns zu geben, die präzise registriert, wenn wir uns zu sehr aufgeben. Das ureigene Ich übt eine ganz eigene Autorität aus. Vor zwanzig Jahren habe ich einen solchen Moment erlebt. Ich war knapp bei Kasse und dringend auf einen Auftrag angewiesen. Ein Kunde wollte mich engagieren und bot mir ein Honorar, bei dem ich das deutliche Gefühl hatte, mich weit unter Wert zu verkaufen. Für mich war es wie eine Nagelprobe. Nach einer schlaflosen Nacht kam ich zu der Erkenntnis, dass ich unter den angebotenen Konditionen nicht arbeiten konnte. Mir war klar, dass ich jeden Tag mit Groll zur Arbeit gehen würde. Auf die Gefahr hin, den Auftrag nicht zu bekommen, habe ich daraufhin meine Bedingungen formuliert. Es folgte eine weitere schlaflose Nacht. Der Betreffende musste Rücksprache mit seinem Vorgesetzten halten. Ich bin damals innerlich Achterbahn gefahren, von ambivalenten Gefühlen durchgeschüttelt. Doch mir war klar: Wenn es nicht klappt, werde ich mich nach etwas anderem umsehen. Ich hatte Glück. Gut bezahlt war ich hochmotiviert, meine Arbeit gut zu machen. Zugleich war ich stolz auf mich selbst. Diese tiefe Zufriedenheit war ein wichtiger Lohn, der nicht nur auf der finanziellen Seite zu verbuchen war – sondern auch auf meinem Selbstwertkonto. In meiner Erinnerung ist dieser Job einer der schönsten und erfolgreichsten meines bisherigen Lebenslaufes geblieben.

Gib dir den Wert, der dir gebührt!

Doch nicht immer läuft es im Leben so glatt. Gleichwohl lassen sich in Situationen, die misslungen sind oder in denen Sie den Eindruck hatten, «versagt» zu haben, wertvolle Schätze heben. Wie das geht, können Sie leicht herausfinden. Blicken Sie auf Ihr Leben zurück und rufen Sie sich die Momente und Begebenheiten ins Gedächtnis, auf die Sie aus heutiger Sicht nicht stolz sind. Solche, die Ihnen peinlich sind, für die Sie sich möglicherweise sogar schämen.

Nicht stolz

Da es meist nicht angenehm ist, erneut mit derartigen Erfahrungen konfrontiert zu werden, fällt es Ihnen vermutlich leichter, wenn Sie diese Situationen mit Abstand betrachten. Sollten Sie bemerken, dass es in Ihnen eine Stimme gibt, die Sie für ein vermeintliches Fehlverhalten kritisiert, ist das ein Hinweis darauf, dass Sie die Situation noch nicht verarbeiten konnten. Für eine abschließende Bearbeitung ist es hilfreich, dieser anklagenden Stimme, die vermutlich in Selbstvorwürfen mündet, für einen Augenblick ein Pflaster vor den Mund zu kleben. Dadurch haben Sie Ruhe. So eine vorwurfsvolle Stimme kann nämlich ziemlich nerven.

Nun haben Sie endlich Gelegenheit, sich der peinlichen Begebenheit differenzierter zuzuwenden. Da hilft ein Bild aus dem Gerichtssaal: Stellen Sie sich vor, ein Pflichtverteidiger würde in Ihrem Auftrag mildernde Umstände gelten machen. Was würde er zu Ihrer Entlastung anführen? Wenn Sie es gewohnt waren, alles mit sich selbst auszumachen, macht Ihnen das Delegieren sicher Spaß. Wahrscheinlich stellen Sie mit Hilfe Ihres Verteidigers fest, dass es damals durchaus Gründe gab, warum Sie sich so und nicht anders verhalten haben. Hätten Sie es besser gewusst – und vor allem, die Fähigkeiten besessen, dies umzusetzen –, hätten Sie es vermutlich getan.

Gerade in Situationen, mit denen Sie noch hadern, lassen sich wesentliche Teile Ihres wahren Ich aufspüren. Ich gehe davon aus, dass Sie gerade deswegen noch an solchen Ereignissen «knabbern», weil Sie eine andere Vorstellung davon haben, wie es hätte sein sollen. Daran ist nichts verkehrt. Denn in dieser Wunschvorstellung zeigt sich, dass Sie über einen Entwurf verfügen, wie Sie sein möchten und sein könnten. Sie haben wie alle Menschen ein tiefes Wissen darüber, wie es ist, im Einklang mit sich zu leben. Wenn Sie Freude an Tagträumen haben, wird Ihnen das folgende Gedankenspiel gefallen:

Den Film neu drehen

Erinnern Sie sich an eine Episode aus Ihrem Leben, die Ihnen noch «nachgeht». Stellen Sie sich vor, Sie hätten damals ganz zu sich stehen können und über das Wissen verfügt, das Sie heute haben. Dann versetzen Sie sich in die Rolle eines Regisseurs, der eine Szene, die ihm nicht gefallen hat, noch einmal dreht. Jetzt geben Sie Ihrem früheren Ich Regieanweisungen und gehen Szene für Szene gemeinsam durch. Sie tun dies so ausführlich und sorgfältig, bis es hundertprozentig Ihren heutigen Vorstellungen entspricht. Wie fühlt sich das an?

Schauen wir mal, wie es Andrea Gerling mit diesem Gedankenspiel ergangen ist. Sie ist Mutter von zwei Töchtern und arbeitet halbtags als Arzthelferin.

«Ich habe mich von meinem Ex-Freund oft schlecht behandeln lassen und kam mir vor wie ein Fußabtreter. Mit dem Wissen von heute, weiß ich, wie sehr es meinem Selbstwert geschadet hat. Doch jetzt ist mir klar, dass ich es zumindest wert bin, anständig behandelt zu werden. Sollte ich verbal beleidigt oder gar geschlagen werden, verlasse ich sofort den Raum. Wenn ich den Film neu drehen könnte, würde ich mich wie eine Königin stolz in meine

Gemächer zurückziehen und dort einen Geliebten empfangen, der mich verehrt. Meine verletzte Seite hat sogar die Phantasie, dass ich gesalbt und liebevoll verwöhnt werde, weil ich etwas Besonderes bin. Das würde mir gefallen.»

Dieses Beispiel zeigt, dass es durchaus lustvoll sein kann, sich solche Phantasien zu erlauben. In der Neu-Inszenierung entwirft Andrea Gerling einen Film, in dem Sie genau weiß, was sie möchte: mit Respekt behandelt und begehrt werden. Indem sie sich selbst die Krone aufsetzt, dokumentiert sie, dass sie es wert ist!

Treue zu sich selbst

Interessanterweise erleben wir aktuell geradezu einen Hunger nach Authentizität. Magere Models sind out und eine renommierte Frauenzeitschrift lichtet erfreulicherweise nur noch «normale» Frauen ab. Eine Werbeagentur, die mit etwas fülligeren Frauen wirbt, bekommt Zuspruch und heimst Preise ein. Das ist durchaus positiv.

Doch die Erfahrung lehrt, dass einem die Umwelt nicht immer so freundlich entgegentritt. Es ist manchmal gar nicht so leicht, sich selbst treu zu bleiben. Die äußeren Umstände, der Erwartungsdruck und oft auch ungewollte Abhängigkeiten, verführen dazu, sich über Gebühr an die Vorstellungen anderer anzupassen. Das ist nicht verwerflich, denn es gibt gute Gründe dafür: Man möchte Anerkennung bekommen, finanziell abgesichert sein und Ärger oder Angst vermeiden. Allerdings ist dies auch der Grund dafür, warum viele Menschen ein mehr oder weniger großes Päckchen zu tragen haben. Auf ihm steht das Wort «Selbstentfremdung». Bei einigen ist es auch mit «Selbstverlust», «Selbstaufgabe», «Erniedrigung», «Unterwerfung» oder «Peinlichkeit» beschriftet. Die große Gefahr besteht darin, dass wir Ersatzgefühle produzieren, wenn unsere wahren Empfindungen nicht erwünscht sind. Dann werden wir traurig, anstatt wütend zu sein, tun verständnisvoll, anstatt uns abzugrenzen, oder lächeln, wenn wir verzweifelt sind. Wohin das führen kann, zeigt ein Beispiel aus der Musikszene:

Erinnern Sie sich noch an Gerhard Höllerich? Nein? Kein Wunder, denn besser bekannt war er unter dem Namen Roy Black. Sein Leben endete Ende vierzig in Tablettensucht und Alkohol. Ähnlich wie Elvis Presley hatte er im Laufe seiner Karriere den Bezug zu sich selbst verloren. Ständig die Erwartungen der Plattenindustrie und der Fans erfüllen zu müssen, hatte ihn aufgezehrt. Ich vermute, er hat zu lange eine Rolle gespielt, die ihm nicht mehr entsprach. Kenner der Szene meinten, im Grunde seines Herzens sei er ein Rocker gewesen, kein Schlagersänger. Selbst als er noch pseudo-fröhlich trällerte «Schön ist es auf der Welt zu sein», hat er wohl selbst nicht mehr daran glauben können.

Im Einklang

Roy Black ist ein Beispiel dafür, wie unglücklich die Entfremdung vom Kern der eigenen Persönlichkeit machen kann. Ihm ist nicht gelungen, sein Image aufzugeben und sich neu zu riskieren. Peter Maffay hingegen hat dies geschafft. Nachdem er durch seinen frühen Erfolg «Du» bereits in der Schlagerecke verortet war, nahm er später das Heft selbst in die Hand und verhalf seiner Rockerseele zum Durchbruch.

Superwoman hat Feierabend

Stellen Sie sich vor, Sie sind Superman oder Superwoman. Sie müssen es sich nicht vorstellen, weil Sie es schon sind? Prima, dann können Sie ganz bei sich selbst bleiben. Sie sitzen gemütlich in Ihrem Sofa, und plötzlich hören Sie, wie verzweifelte Menschen um Hilfe rufen. Das Böse regiert, Häuser brechen krachend zusammen, und irgendwo in den Ruinen der Häuserschluchten droht ein Mensch in den Abgrund zu stürzen. Der Erwartungsdruck der ganzen Stadt lastet auf Ihren Schultern. Aber Ihnen ist danach, einen ruhigen Abend zu verbringen und bei einem Glas Rotwein mal wieder Ihre Lieblingsmusik zu hören, kurzum: die Seele baumeln zu lassen. Hinter der Maske von Superman gibt es nämlich noch den Menschen. Sie sind eine individuelle Person, die einfach mal Ruhe braucht. Und nun? Kommen Ihnen solche Konfliktsituationen bekannt vor?

Das zuvor geschilderte Szenario ist sicher übertrieben. Dennoch erleben viele Menschen solche Situationen täglich. Sie kommen lediglich unscheinbarer daher:

«Frau Wedekind, Sie sind doch meine beste Mitarbeiterin. Ich bin sicher, Sie werden die zusätzlichen Aufgaben als Herausforderung betrachten und wie gewohnt souverän erledigen.»

Würde Ihnen das schmeicheln, derart als Power-Frau angesehen zu werden? Natürlich ist es wunderbar, Anerkennung zu bekommen. Nur manchmal haftet ihr der fade Beigeschmack der Manipulation an. Wie es der Power-Frau oder dem Super-Mann wirklich geht, interessiert nicht. Die sensible Seite soll verborgen bleiben und die Angst, der Aufgabe nicht gewachsen zu sein, gar nicht erst aufkeimen. Erst recht nicht die schutzbedürftige Seite, die sich gern anlehnen möchte.

Verführung

Manuela Blick arbeitet seit vielen Jahren als Coach im internationalen Business. Zu den Ritualen in Akquise- und Bewerbungsgesprächen, die sie regelmäßig bei ihren Kunden durchläuft, gehört es, die eigenen Erfahrungen und bisherigen Leistungen darzustellen sowie kritische Fragen zu beantworten.

«Meine Kunden erwarten von mir, dass ich sie über meine Stärken und Schwächen informiere, meine Arbeitsweise offenlege und die Rahmenbedingungen sorgfältig festlege. Die Konkurrenz auf dem Markt ist groß, und früher war ich verführt, meine Selbstdarstellung zu schönen, um mich abzugrenzen und als besonders attraktiv und fähig wahrgenommen zu werden.»

140

Sie hat sich auf ihre Weise vom Image als Superwoman verabschiedet und berichtet von einem Sinneswandel:

«Ich habe mir angewöhnt, bescheidener aufzutreten. Erfreulicherweise können das mittlerweile auch Personalleiter schätzen. Sie wissen, dass es den omnipotenten Berater, der mit seinen Methoden alle Problemlagen seiner Coachees jederzeit sicher und souverän bearbeiten kann, nicht gibt. Das ist meine Art, mir treu zu bleiben, denn die eierlegende Wollmilchsau gibt es nicht!»

Original und Fälschung

An dieser Stelle lohnt es sich, den Begriff «Authentizität» erneut unter die Lupe zu nehmen. Er kommt aus dem Griechischen und bedeutet Echtheit im Sinne von «als original befunden». Im Bezug auf den Menschen bedeutet dies, dass sein Handeln nicht nur durch äußere Einflüsse bestimmt wird, sondern auch aus ihm selbst heraus motiviert ist. Er ist selbstbestimmt. Das Bild, das andere von einem authentischen Menschen haben, wird oft als ungekünstelt, natürlich und echt beschrieben. Klingt ganz einfach, oder? Nun ja, denn im privaten und beruflichen Alltag ist es selbstverständlich, dass wir uns nur mit den gesellschaftlich relevanten Seiten unserer Persönlichkeit zeigen. Andere Aspekte, die ebenfalls im Original zu uns gehören, klammern wir aus. In unseren Rollen als Eltern, Angestellte, Führungskraft oder Mitglied im Sportverein präsentieren wir uns mit anderen Facetten unseres Selbst. Dabei unterliegen wir dem Gruppenzwang und den Erwartungen, die Job und Familie an uns richten. Und dennoch können wir auswählen, welches Gesicht wir der Welt zeigen – wenn wir bereit sind, mit den Konsequenzen zu leben.

Mies drauf – eine interessante Partitur!

Die Treue zu sich selbst wird mitunter auf harte Bewährungsproben gestellt. Marlies Wagenknecht, Büroleiterin in der öffentlichen Verwaltung und alleinerziehende Mutter, hatte sich jahrelang «mit Pralinen zugestopft», wenn sie sich schlecht fühlte. Nicht nur wegen ihres Übergewichts, sondern auch, weil sie spürte, dass sie unzufriedener wurde, wenn sie alles in sich «hineinfrisst», begann sie damit, sich ihre Gefühlswelt differenzierter zu erschließen. Als ich sie kennenlernte, begann sie das Gespräch mit den Worten: «Ich fühle mich schlecht!» Dieser Satz ist wörtlich zu nehmen, denn er beschreibt lediglich einen Zustand und kein wirkliches Gefühl. Doch was verbirgt sich hinter der Aussage «sich schlecht fühlen»? Anhand ihrer aktuellen Lebenssituation – sie hatte sich von ihrem Mann getrennt – begannen wir, ihr Schlechtgehen in einzelne Gefühlstönungen zu zerlegen. Wir trafen auf eine gewaltige Gesamtkomposition, die ich Ihnen im Zeitraffer wiedergeben möchte: Zunächst erklangen Schuldgefühle:

> *«Ich denke, ich bin eine schlechte Mutter. Ich sollte mehr für meine Kinder da sein.»*

Dann spürt sie, wie einsam sie sich phasenweise fühlt. Die Angst vor Isolation meldete sich:

> *«Wenn die Kinder im Bett sind, fällt mir abends die Decke auf den Kopf. Ich komme kaum dazu, mich zu verabreden.»*

Kurz darauf steigt Trauer über den Verlust der «heilen Familie» in ihr auf:

> *«Ich denke an die guten Zeiten zurück. An unseren besten Tagen war alles so, wie es sein sollte: Mann, Kinder und eigenes Haus.»*

Überraschenderweise folgt kurz darauf die Hoffnung auf bessere Zeiten und eine gewisse Neugier:

«Ich will wissen, wie das Leben wohl weitergeht.»

Eine Stimme der Unsicherheit wird hörbar:

«Ich habe noch wackelige Beine, habe Angst, meine Existenz nicht alleine sichern zu können.»

Dann ein Bedauern darüber, dass die Ehe trotz gegenseitigen Bemühens nicht zu retten war, begleitet von Selbstzweifeln, ob es vielleicht doch nur an ihr gelegen haben könnte.

«Manchmal resigniere ich dann und denke, ich bin es nicht wert, eine Familie zu haben.»

Die Liebe zu ihren Kindern regt sich in der Brust. Dann wieder ein Wechsel der Tonart von Moll nach Dur:

«Ich finde mich mutig, trotz allem so gut allein klarzukommen. Ich will sehen, welche Möglichkeiten sich mir noch eröffnen. Da ist auch Freude an meinen ersten Schritten und ein Freiheitsgefühl: Endlich kann ich tun und lassen, was ich will!»

Lerne, die Partitur unguter Gefühle sorgfältig zu lesen!

All diese Emotionen lagen unter dem Deckmantel des «Schlechtgehens» verborgen. Erst als sie den Klavierdeckel ihrer Gefühlsbetäubung öffnete und den Fuß vom dämpfenden Pedal nahm, wurde die ganze Gefühlstastatur hörbar! Indem sie innehielt und sich ihre Gefühle erlaubte, hatte sie die Voraussetzung geschaffen, die Partitur ihres Schlechtgehens lesen zu können. So ordnete sich Schritt für Schritt auch die Gefühlslandschaft von Marlies Wagenknecht, und die schmerzhafte Trauerarbeit über den Verlust ließ nach etlichen «Ups and Downs» einen zuversichtlicheren Klangteppich entstehen. Ist das Tal durchschritten, geht die Sonne auf, und das Lächeln kehrt zurück.

«Ich weiß, dass meine Entscheidung richtig war. Wir hatten uns auseinandergelebt, und wenn ich geblieben wäre, wäre ich in dieser Beziehung verhungert. Meine Lebensfreude ist wieder da, und ich genieße es, wieder als Frau wahrgenommen zu werden. Ich kann wieder lachen.»

Nimm dich ernst, sonst tut es keiner!

Marlies Wagenknecht ist es gelungen, sich mit den dunklen Stimmungen einem anderen Menschen anzuvertrauen. Doch der Schritt, sich jemandem zuzumuten, ist manchmal zu schwer, oder es gibt gute Gründe dafür, sie für sich zu behalten. Dann empfehle ich Ihnen, es mit der folgenden Devise zu versuchen: Erlaube es, zunächst dir selbst näher zu kommen! Die folgende Übung möchte Ihnen dabei helfen, Ihre Gefühle anzuerkennen und auszuhalten. Denken Sie an die Haltung des amerikanischen Präsidenten Barack Obama: «Yes we can.» Eine wichtige Erfahrung, gerade bei schmerzhaften Stimmungen, die einem ausweglos erscheinen: «Ich kann meine Angst, meinen Schmerz, meine Verzweiflung, meine Sehnsucht aushalten.» Sicher möchten Sie jetzt wissen, wie das geht. Der einfachste Weg besteht darin, vor jedes Gefühl, jede Stimmung und Übellaunigkeit das Wort «Ja» zu setzen. Hier einige Beispiele:

Eine Übung im Ja-sagen
Ja, ich bin traurig.
Ja ich bin verletzt.
Ja, ich vermisse ihn/sie.
Ja, ich bin stinksauer.
Ja, ich bin enttäuscht.

Und nun Sie! Gegen welche Empfindung oder Stimmung haben Sie bislang angekämpft? Wagen Sie einen Versuch und sagen Sie innerlich «Ja» dazu: «Ja, ich bin …» Welchen Unterschied spüren Sie? Möglicherweise ist Ihnen dieser Schritt nicht gleich gelungen oder schwer gefallen. Im nächsten Kapitel erfahren Sie, dass es ganz okay ist, sich für Veränderungen Zeit zu lassen!

VIII. Kraft wächst im Garten der Geduld
Wer hat gesagt, dass Sie nun schnell etwas tun müssen?

Auf dem Weg zu sich selbst ist Schnelligkeit von Nachteil. Denn genau dieses hektische Handlungsmuster hat dazu beigetragen, dass Sie sich immer wieder übergangen haben. Es ist sogar umgekehrt. Je schneller Sie vorankommen wollen, umso eher verfehlen Sie Ihr Ziel – sich selbst. Doch die frohe Botschaft lautet: Es ist keine Eile geboten! «Warum denn das?», könnten Sie fragen. Die Antwort: Weil Sie ja schon da sind! Sie sind schon bei sich. Sie müssen lediglich aufhören, vor sich selbst wegzulaufen. Genau das tun Sie nämlich, wenn Sie sich in Aktionismus und Betriebsamkeit stürzen. Annika Seibold, sie ist 35 und Pharmareferentin, berichtet von ihren Erfahrungen und bekennt:

«Ich habe auf der Überholspur gelebt, hier noch eine Präsentation, da noch ein Kundenkontakt, dann für den Chef noch spätabends was zugearbeitet. Selbst in meiner Freizeit wurde ich den Job nicht mehr los. Ich dachte, ich gebe sowieso immer nach, und kam in trübe Stimmungen, die ich schnell wieder wegmachte, weil sie meine Leistungsfähigkeit bedrohten. Eine Pille zur Betäubung eingeworfen und gut is'. Immer weitermachen, so dachte ich früher, aber ich habe mir damit keinen Gefallen getan.»

Besinnung macht Sinn

Es ist gerade diese Handlungsorientierung, die dazu führt, dass sich Annika Seibold nicht vollständig spürt und mitbekommt. Ihre durchaus nachvollziehbare Frage «Was soll ich jetzt tun?» musste dringend ergänzt werden um den Aspekt: «Was muss ich jetzt lassen?» Beide Fragen haben ihre Berechtigung, doch der Weg zu einer reflektierten Authentizität – oder nennen wir es schlicht zu mehr Stimmigkeit und Einklang – bedarf so vermeintlich «altbackener» Tugenden wie Achtsamkeit, Geduld und Wachsamkeit sowie solcher Fähigkeiten wie Spürsinn, Innenschau und Selbstfürsorge. Erinnern Sie sich an den Innenminister für den Gefühlshaushalt? Er hat die Aufgabe, nach innen zu gucken. Ich wiederhole dies sicherheitshalber, denn das kann er nur, wenn er auch nach innen blickt!

«Ich war so überdreht, dass mir Fehler unterliefen. Mein Mann machte sich Sorgen, weil unsere Beziehung verkümmerte. Das führte dazu, dass ich mich noch mehr antrieb, um es allen recht zu machen, doch genießen konnte ich am Ende gar nichts mehr.»

Das kann man auch nicht, wenn man es allen recht machen will und sich selbst dabei ausnimmt! Der pure «Krampfreflex» des Festhaltens um des Festhalten willen schadete ihr am Ende mehr, als sie durch dieses Verhalten jemals hätte gewinnen können.

Der Tun- und der Sein-Modus

Halten wir einen Moment inne, um einer Anekdote zu lauschen: Eine Forschungsgruppe unternahm mit Hopi-Indianern eine mehrtägige Exkursion. Unerwarteterweise machten die Hopis nach drei Tagen anstrengender Wanderung am vierten Tag keine Anstalten, aufzubrechen. Der Expeditionsleiter fragte, warum sie nicht losgingen, und der Stammesälteste antwortete: «Wir können nicht weitergehen, weil unsere Seelen zurückgeblieben sind – wir müssen warten, bis sie unsere Körper wieder eingeholt haben.»

Annika Seibold ist es ähnlich ergangen, und ich vermute, sie ist kein Einzelfall. Mir ist aufgefallen, dass der kollektive Geschwindigkeitsrausch unserer Gesellschaft viele überfordert. Das Leben in der beschleunigten, digitalisierten Welt kostet viel Kraft. Und wenn man innerlich nicht mehr mitkommt, kann es sehr gesund sein, krank zu werden. Jede Erkrankung ermöglicht Verlangsamung, ja, sie erzwingt sie geradezu. Eine depressive Stimmung oder eine überraschende Angstattacke helfen dabei, sich zu de-synchronisieren. Man fällt dann aus der Zeit und hat die Chance, zur Eigenzeit zurückzufinden. Erst wenn man aus dem Modus des permanenten Tuns in den Modus des Seins wechselt, kann das erschöpfte Selbst wieder auftanken!

Annika Seibold verkannte den Wert des «Ausfühlens», mit dem Sie, lieber Leser, mittlerweile schon etwas vertrauter geworden sind. Doch ich wiederhole noch einmal, worum es geht, damit sich das Wissen um dessen Wert besser verankern kann. Unter «Ausfühlen» verstehe ich die Bereitschaft, einem zunächst unerklärlichen Unbehagen Raum zu geben. Ausfühlen bedeutet, dem eigenen Missempfinden mit Respekt zu begegnen, es nicht nur aus dem Augenwinkel zur Kenntnis zu nehmen, sondern ihm volle Aufmerksamkeit zu schenken.

«Ich bekam urplötzlich Ängste, die ich bislang nicht kannte. Ich wollte zu einem Termin aufbrechen und konnte nicht mehr aus dem Haus gehen. Ich saß vor dem Computer, und alles in mir sagte Nein. Da habe ich begriffen, dass es so nicht weitergehen kann.»

Herantasten

Es ist, als hätten die übergangenen Bedürfnisse sich Annika Seibold wie Stolpersteine in den Weg gelegt, damit sie diese endlich zur Kenntnis nimmt. Wie vernachlässigte Kinder machen sie durch unerwünschtes Verhalten auf sich aufmerksam. Sie geben erst Ruhe, wenn man sich Zeit für sie nimmt. Vergessen Sie nicht, wir reden nicht über exotische Erfahrungen, die man nur im Dschungelcamp machen kann, sondern über wahrhafte Teile der eigenen Persönlichkeit, die unbequem werden. Es kann durchaus sein, dass Ihr Alltags-Ich davon nichts wissen will. Doch spätestens dann, wenn Ihre Leistungsfähigkeit oder Leistungsbereitschaft sinken, Ihre Motivation im Keller ist und Ihre Gesundheit nicht mehr mitspielt, wissen Sie, dass Sie Wesentliches übergangen haben. Da helfen dann keine Ratschläge von außen mehr. Der Außenminister kann sich auf Dienstreise begeben, der Innenminister ist gefragt. «Ausfühlen» bedeutet übrigens nicht, sich den dunklen Stimmungen und schmerzhaften Gefühlen unkontrolliert hinzugeben oder gar auszuliefern. Ganz im Gegenteil! Es geht um eine achtsame Annäherung, ein sorgsames Hineinspüren. Es ist vergleichbar mit einem behutsamen Herantasten. Dies hilft Ihnen dabei, ein tieferes Verständnis über die Ursachen Ihrer Verstimmung zu erlangen.

Die erste und die zweite Natur

Annika Seibold nimmt die Signale ihrer Psyche ernst. Sie blickt nach innen und erkennt:

> *«Immer freundlich zu sein, ist mir zur zweiten Natur geworden, selbst wenn ich sauer bin. Ich durfte nie zornig sein, das wurde zu Hause sofort unterbunden, das ‹Teufelchen› sollte mir ausgetrieben werden.»*

So entsteht eine zweite Natur. Sie ist anerzogen. Annika Seibold hat sich im Laufe der Jahre damit identifiziert, ja über-identifiziert.

> *«Mir kommt das so normal vor. Ich kenne es nicht anders.»*

Diesen Satz höre ich oft. Sie hat geglaubt, es gehöre zu ihrem Wesen, «nicht ärgerlich zu sein». Im Grunde ist es so, dass es ihr vertraut vorkommt, weil es ihr von Kindesbeinen an so vermittelt wurde. Dann hat sie sich daran gewöhnt, aber es passt dennoch nicht zu ihrem Wesen, weil die «erste Natur» mit unserer Lebendigkeit und unseren eigentlichen Impulsen verbunden ist, der «wahren Natur», wie manche sagen.

«*Dabei hat sich im Laufe der Zeit ein Riesenfass Ärger in mir aufgestaut, doch wohin damit? Ich wollte lieber ein ‹Engelchen› sein, als verteufelt zu werden.*»

Wenn das Korsett zu eng wird

Gefühle verbergen zu müssen, sie als schlecht zu titulieren, führt zur zweiten Natur. Sie kann zu einem Korsett werden, das dem «wirklichen Ich» zu wenig Spielraum lässt. Annika Seibold hatte nie ein anderes Muster entwickeln können.

«*Ich habe mir im Laufe der Jahre angewöhnt, mir Musik auf die Ohren zu hauen, wenn ich verärgert war. Rausgelassen habe ich es nie.*»

Die gute Nachricht daran ist: Die erste Natur war nicht unterzukriegen, denn der Ärger meldete sich immer wieder.

Ja, ich will mich!

«*Ich habe schon mitgekriegt, dass ich ärgerlich bin, aber ich durfte es ja nie ausdrücken. Ich weiß auch gar nicht, wie das geht. Aber ja, jetzt will ich mich ärgern!*»

Ich möchte vier Worte dieser Aussage hervorheben: «Jetzt – will – ich mich!» In ihnen steckt bereits ungeheuer viel Kraft, denn sie zeigen, dass Annika Seibold sich einen wichtigen Teil ihrer Identität zurückerobern will, den sie früh in ihrem Leben aufgegeben hatte.

«*Mir dämmert allmählich, wie unerfüllt mein Leben war. Ich war viel zu vernünftig geworden und dachte, die Rahmenbedingungen würden das erfordern. Aber ich war mir selbst abhanden gekommen, so sehr hatte ich mich innerlich zurückgezogen. Jetzt kommt es mir so vor, als hätte ich mich in diese extreme Arbeitswut gesteigert, um überhaupt noch zu spüren, dass ich lebe.*»

Annika Seibold glaubte, sich in ihrer Arbeit entfalten zu können, als Mensch war sie jedoch auf der Strecke geblieben. Als ich mit ihr sprach, fiel mir eine Aussage der Schriftstellerin Anaïs Nin ein.

«Und es kam der Tag, da das Risiko in der Knospe zu verharren, schmerzlicher wurde, als das Risiko, zu blühen.»

Als ich Anaïs Nins Worte zitierte, wurde Annika Seibold ganz still.

«Ja, ich bin innerlich fast verdorrt. Doch alles in mir möchte wachsen und sich entfalten. Ich will mich nicht mehr über andere definieren und an meiner Unzufriedenheit ersticken. Ich will mich nicht mehr auspowern, sondern besser auf mich achtgeben.»

Besser eine ordentliche Ruhepause, als eine pausenlose Unruhe

Daran lässt sich ablesen, wie wichtig das vernünftige Haushalten mit den eigenen Kräften ist, wohl eine der grundsätzlichsten Fähigkeiten in der modernen Welt. Diese Art der Selbstfürsorge ist für den Erhalt der eigenen Lebenskraft enorm wichtig. Für den französischen Philosophen Michel Foucault gehören auch das Nachdenken über die eigene Lebensweise, die Regulierung des eigenen Verhaltens und die Orientierung an selbst gewählten Zielen dazu. Mir scheint, diese drei wichtigen Unterdisziplinen der Selbstfürsorge gedeihen am besten in einer Phase der Schonung. Erst sie ermöglicht ein fruchtbares Innehalten in der Berg- und Talfahrt des Alltags. Annika Seibold setzte diese Erkenntnis in die Tat um.

«Ich habe mich selbst aus der Tretmühle entlassen und gemeinsam mit meinem Mann über Veränderungen nachgedacht. Angefangen habe ich mit einem Wochenende im Kloster. Ich sehnte mich nach Ruhe und wollte keine übereilten Entscheidungen treffen.»

Schnecken-Power

Dieser Schritt war goldrichtig, denn Verlangsamung hilft dabei, den Überblick zu behalten und in Ruhe über Konsequenzen nachzudenken, die Vor- und Nachteile abzuwägen. Ich nenne diese Kraft der Langsamkeit Schnecken-Power: Sie ist wirkungsmächtig, weil sie überlegtes Handeln ermöglicht. Erst dadurch bekommt man ein Gefühl für das angemessene Tun.

> *«Im Laufe der Zeit reifte meine Entscheidung, mir mehr Ruhepausen zu gönnen. Mir wurde in diesen stillen Stunden klar, dass das Unternehmen, für das ich tätig war, nicht mehr zu mir passte – und: dass ich mir Kinder wünsche. Mein Leben soll wieder mehr Sinnlichkeit bekommen!»*

Wer wachsen will, muss fühlen

Annika Seibold konnte diese Klarheit nicht erzwingen. Sie hat Zeit gebraucht, um zu ihren Bedürfnissen als Frau zurückzufinden. Wie man an ihren Erfahrungen sehen kann, benötigt persönliches Wachstum Zeit und bestätigt damit ein altes Naturgesetz: Eine Pflanze wächst auch nicht schneller, wenn Sie daran ziehen!

Vergiss dein nicht

Bislang haben wir unser Augenmerk darauf gelegt, eigenes Unbehagen zu entziffern. Doch wie ist es eigentlich, wenn andere schlechte Laune haben? Auch da lauern Gefahren! Meike Soibonn, Versicherungskauffrau, berichtet von ihrem Schema:

> *«Wenn ich nach Hause komme und mein Freund hat schlechte Laune, bringe ich mich erst mal in Sicherheit. Sofort denke ich, was ich jetzt schon wieder falsch gemacht habe.»*

Und schon hat eine Gedankenfalle zugeschlagen, nämlich die ungeprüfte Überzeugung: «Es liegt an mir.» Mit dieser färbt Meike Soibonn ihr Selbstbild unnötigerweise negativ ein:

*«Es geht rasend schnell: Ich denke, dass ich schuld bin, und halte
mich dann für einen schlechten Menschen, der nichts richtig
macht. Das geht so weit, dass ich mich sogar für meine Anwesen-
heit entschuldige. Vollkommen irre, oder?»*

Ja, das ist wirklich verrückt, im Sinne von vollkommen verdreht.
Zumal Meike Soibonn bemerkt, wie symbiotisch ihre Beziehung geworden ist:

Wenn es ihm nur gut geht

*«Wenn es ihm schlecht geht, zieht es mich runter. Geht es ihm gut,
fühle ich mich auch gleich wohler. So, als würden wir in einem
Boot sitzen und gemeinsam untergehen, wenn seine Stimmung
umschlägt.»*

Ihr Selbstbild beinhaltet die Überzeugung: «Ich bin total abhängig.»
Doch stimmt das wirklich? Muss das so sein? An diesem Punkt hilft
das achtsame Gewahrsein, «Okay, ich erkenne an, dass es so ist!»,
und dann ein nüchterner Gedankencheck: «Wie würde jemand denken, der mein Problem lösen könnte?» Oder: «Welche Gedanken
könnten mir helfen, aus diesem Dilemma auszusteigen?»

*«Ich müsste üben zu denken, dass es vollkommen normal ist, mal
schlechte Laune zu haben. Ich gehe immer gleich davon aus, dass
nur ich oder schlechte Nachrichten der Grund sein können. Dann
male ich mir aus, welche Katastrophe es wohl sein könnte. Sofort
bin ich bemüht, mich um ihn zu kümmern, damit es ihm besser
geht. Weiterhelfen könnte mir die Überlegung, dass es mir gut
gehen darf, obwohl es ihm schlecht geht!»*

Das ist ein ganz wichtiger Punkt. In vielen Paargesprächen habe ich beobachtet, dass insbesondere Frauen glauben, sie dürften nicht zuerst an sich denken. Das Wohlergehen des Partners hat oberste Priorität. Finden Sie das vernünftig?

Nehmen wir uns Zeit für eine Überlegung, die auf eine Anregung des Psychologen Stefan Junker zurückgeht. Erinnern Sie sich an Ihren letzten Flug: Was lernt man dort vor jedem Start durch die Sicherheitsanweisungen der Stewardessen? Was soll man tun, wenn der Druck abfällt und die Luft dünn wird? Nun, wem soll man die Maske zuerst aufsetzen, wenn Kinder und Hilfsbedürftige neben einem sitzen? «Natürlich den Hilfsbedürftigen!», meinte spontan eine Seminarteilnehmerin, «alles andere wäre doch selbstsüchtig.» Sehen Sie das auch so? Die Fluggesellschaften sehen es anders und raten, zunächst sich selbst die Maske aufzusetzen, denn wie soll man anderen helfen, wenn man selbst ohnmächtig wird? Es ist durchaus im Interesse der anderen, wenn Sie zuerst gut für sich sorgen!

Lassen Sie uns wiederum einen Moment innehalten. Ich möchte Ihnen anhand der folgenden Zusammenstellung verdeutlichen, woran Sie erkennen können, in welchem Ausmaß Sie authentisch leben.

Woran man einen authentischen Menschen erkennen kann

1. Er führt ein Leben, so wie er es für richtig und sinnvoll hält. Er muss dafür von anderen nicht bewundert werden.
2. Er vertritt eine Meinung auch dann, wenn sie unpopulär ist. Er lässt sich nicht von den Ansichten der Allgemeinheit einschüchtern.
3. Er steht für sich selbst ein und trifft bewusst Entscheidungen, die seinen Werten entsprechen. Was für ihn eine hohe Priorität hat, bekommt auch die dafür erforderliche Zeit!
4. Er kann sich ruhig mit anderen vergleichen und braucht keine Beweise für seine Überlegenheit. Er hat es nicht nötig, «everybody's darling» zu sein.

5. Er kennt seine Gefühle und kann ihnen angemessen Ausdruck verleihen. Er steht auch zu ambivalenten Regungen und kann abschätzen, wann und wie er sich anderen zumuten kann.

6. Er ist kompromissbereit, aber nicht konformistisch, weil er sich und andere mit seinen Bedürfnissen und Gefühlen konfrontieren kann.

7. Er überprüft und hinterfragt die Normen und Regeln seines Umfeldes, der Gesellschaft und seiner Erziehung im Hinblick auf seine Bedürfnisse und passt sie gegebenenfalls an. Dadurch wird er von den Meinungen anderer unabhängiger.

8. Er sorgt für sich selbst und beachtet seine Gefühle. Er ist optimistisch und offen für Neues.

9. Er kennt seine Grenzen und übernimmt Verantwortung. Er kann andere um Hilfe bitten.

10. Besitztümer und Statussymbole sind ihm weniger wichtig.

11. Er hat Freude an dem, was er tut, und ist wenig abhängig von äußeren Belohnungen oder Bestrafungen.

12. Im Idealfall hat er seine Bestimmung gefunden und seine Berufung zum Beruf gemacht.

«Erkenne dich selbst», soll die Inschrift über dem Eingang zum Orakel von Delphi gelautet haben. Haben Sie in der Liste Aspekte gefunden, an denen Sie noch arbeiten können?

Von Moll nach Dur

Wie Sie an den bisherigen Gesprächsverläufen sehen können, lohnt es sich, die eigenen Vorstellungen so lange zu überprüfen, bis sie in den eigenen Ohren stimmig klingen. Will man die neu erarbeiteten konstruktiven Gedanken im Alltag anwenden, ist es wichtig, erst einmal die unproduktiven Gedanken zu stoppen. Gedanken wie «Es wird immer so sein, dass ich nachgebe» oder «Es liegt an mir» können Sie aufhalten wie der Polizist ein Auto in einer Einbahnstraße:

Heben Sie ein gedankliches Stopp-Schild und sagen Sie sich klar und unmissverständlich: «Dieser Gedanke führt in eine Sackgasse.» Diesen Gedankenstopp können Sie auch einüben, indem Sie das Wort «Stopp!» laut und deutlich aussprechen. Es geht darum, den gedanklichen Geisterfahrer aufzuhalten, denn er wird nur Schaden anrichten. Dadurch haben Sie ein gewohntes Denkmuster durchbrochen, aber noch keine neue Fahrtrichtung anvisiert.

Um auf den richtigen Weg zu kommen, holen Sie sich anschließend den produktiven Gedanken – «Ich darf zuerst an mich denken» oder «Ich nehme mich ernst und trete für meine Belange ein» – ins Gedächtnis. Sprechen Sie ihn sich wie ein Mantra einige Male innerlich vor. Genauso gut können Sie ihn aussprechen, um ihn deutlicher zu hören und wirken zu lassen. Geben Sie dem Klang des neuen Gedankens innerlich Raum, sodass sich eine neue Gefühlserfahrung einstellen kann. Dadurch haben Sie bereits damit begonnen, die Tonart Ihres Gefühlslebens von einem traurig-resignativen Moll in eine hellere Dur-Tonart zu übertragen.

Neue Schuhe

Während der bisherigen Lektüre haben Sie gelernt, die engen und drückenden Schuhe ungünstiger Gedanken und Überzeugungen auszuziehen und sich auf den Weg zu einer besseren Stimmung zu begeben. Sie tragen nun bequemeres Schuhwerk. Doch neue Schuhe muss man einlaufen und neue Gedankenräume «eintanzen». Um zu stimmigen Veränderungen zu kommen, ist es vorteilhaft, sich mit den wirklich relevanten Bedürfnissen zu verbünden, denn nur diese geben Kraft und motivieren. Es gilt genau hinzuschauen, was man für die Verwirklichung seiner Ziele und die Befriedigung seiner Bedürfnisse braucht. Und wie in der Musik ist auch hier eine Pause, sprich ein Innehalten, hilfreich. «Wenn ich die Wahrheit hören will, halte ich mir die Ohren zu.» Diese Erfahrung des Aphoristikers Brano Crncevic weist den Weg.

Missklänge lassen sich in der Stille besser wahrnehmen und erfordern ein geduldiges Hinhören. Ich möchte am Beispiel der Unzufriedenheit erläutern, wie wichtig es ist, sich Zeit für eine sorgsame Selbsterforschung zu lassen.

Das Wort Un-zufriedenheit drückt bereits eine gewisse Mangelerfahrung aus, verweist es doch auf die Abwesenheit eines Gefühlseindrucks, den wir sehr schätzen, nämlich, uns zufrieden zu fühlen. Dann spüren wir auch innerlichen Frieden. Ist man hingegen unzufrieden, stimmen der Soll- und der Ist-Wert nicht überein, und es zeigt sich, wie eng Unzufriedenheit mit unseren Erwartungen zusammenhängt. Reisen wir etwa auf eine kleine griechische Insel und erwarten in einer einfachen Pension den Standard eines städtischen Fünf-Sterne-Hotels, ist die Unzufriedenheit programmiert. Doch nicht immer ist Unzufriedenheit so klar umrissen. Wir registrieren zunächst ein diffuses Unwohlsein, das sich uns erst nach näherer Betrachtung erschließt. Diese Erfahrung machte auch Maria Michaelsen, eine rüstige Seniorin, die seit einiger Zeit im Ruhestand war. Sie kam mit folgenden Worten zu mir in die Beratung.

«Mir fehlt etwas, und ich weiß nicht, was es ist.»

Es gibt vielerlei Lärm. Aber es gibt nur eine Stille!

Sie war unzufrieden mit sich selbst und ihrem Leben, konnte es jedoch noch nicht in Worte fassen. Ihre Unzufriedenheit war im Grunde ein Appell, ruhig zu werden und genau hinzuhören. So waren unsere ersten Sitzungen von langen Schweigephasen geprägt. Im weiteren Verlauf entdeckte Maria Michaelsen jedoch eine ganz andere Stimme, die verdeutlichte, wieso die Unzufriedenheit sich nicht wirklich Gehör verschaffen konnte.

«Mir geht es doch eigentlich gut, ich habe gar kein Recht, unzufrieden zu sein.»

Diese Stimme kam ihr bekannt vor. Sie war auf einem Bauernhof groß geworden und hatte oft zu hören bekommen:

«Ein Mädchen taugt eigentlich nichts und ist nicht wichtig. Ich konnte es meinen Eltern nie recht machen.»

Wie wäre es mit einem Walzer?

Früh hatte sie gelernt, sich zurückzunehmen. Etwas zu wollen, machte ihr Angst, denn sie hatte sich daran gewöhnt, sich für ihre Existenz und ihre Belange zu schämen. «Ich bin nicht so wichtig» lautete bis dato ihr unbewusstes Credo, das wie ein Dämpfer die Seiten ihres Gefühlsklaviers zum Verstummen brachte. Erst nachdem sie diese Hindernisse wie dicken Staub vom Klavierdeckel gefegt hatte, konnte sie die Frage «Was würde Sie denn zufriedener machen?» in sich nachklingen lassen. Allerdings dauerte es eine ganze Weile, bis sie ein Echo erhielt. Der biografisch gewachsene Dämpfer musste wie ein eingeklemmtes Klavierpedal immer wieder gelöst werden. Dann tauchten erste Resonanzen auf:

«Ich würde gern mal wieder eine Schallplatte mit Walzer-Musik hören.»

Später, nachdem sie sich erlaubt hatte, einen alten Plattenspieler aus dem Keller ins Wohnzimmer zu stellen, erklang Trauer:

«Ich vermisse meine Arbeit. Ich habe gern gearbeitet.»

Nun konnte sie sich auf den Weg machen. Aus der Unzufriedenheit erwuchs schrittweise eine Suche nach einer sinnvollen Betätigung. Sie war wieder mit ihren eigentlichen Bedürfnissen nach einer befriedigenden Tätigkeit, dem Wunsch, in eine Gemeinschaft eingebunden zu sein, und ihrer alten Liebe zur Musik verbunden.

Man lebt nur zweimal – im Hier und im Jetzt!

Wie Maria Michaelsen geht es vielen. Unzufrieden zu sein, ist vollkommen normal. Diese Gefühlslage ist wichtig für die menschliche Weiterentwicklung, da sie eine Signalfunktion hat und wesentliche

Impulse für Veränderungen geben kann. Dazu ist allerdings erforderlich, Unzufriedenheit nicht zu betäuben, sondern sie bewusst wahrzunehmen. Der Missklang, der durch diese unbequeme Gefühlstönung entsteht, wird nicht umsonst als dissonant erlebt: Er verweist darauf, dass der Mensch nicht im Einklang mit sich lebt. Dann hilft es, die Perspektive zu wechseln.

Maria Michaelsen war so davon überzeugt, dass sie es ihrer Mutter niemals wird recht machen können, dass sie nie über den Tellerrand ihres Gedankengebäudes hinausgeschaut hatte. In einem Gespräch konfrontierte ich sie mit ihrer Enttäuschung:

«Ihre Mutter entspricht wohl nicht Ihren Erwartungen!»

Sie stutzte:

«Das irritiert mich, Sie meinen, ich (!) wäre enttäuscht?»

Bislang hatte sie sich vorwiegend mit den Augen ihrer Mutter betrachtet. Sie lernte, sich mit ihren eigenen Sichtweisen und Wünschen zu befreunden. Seien Sie unrealistisch – verlangen Sie das Mögliche! Diese Devise beschreibt sehr genau, was Maria Michaelsen zu lernen hatte.

Es ist gut, Dinge zu lassen, die einem schaden!

Für sie wurde es wichtig, sich von lebensfeindlichen Überzeugungen zu trennen und nach besseren Alternativen Ausschau zu halten. Die Frage, ob sie in den nächsten Jahren weiterhin so leben wolle wie heute, beantwortete sie mit Nein:

«Ich möchte in meinem Leben mehr vorkommen und meinen Lebensabend genießen – und dafür übernehme ich jetzt die Verantwortung!»

Sie verstehen nun vielleicht besser, was ein anonymer Autor meinte, als er schrieb: «Wer morgens zerknittert aufwacht, hat tagsüber viele Entfaltungsmöglichkeiten.»

Sie haben die Wahl!

Sie haben es selbst in der Hand, welcher Seite Ihrer Persönlichkeit Sie ins Leben verhelfen möchten. Die folgende Geschichte verdeutlicht diese Wahrheit. Wenn sie Ihnen gefällt, dient sie Ihnen vielleicht als Anker, der Sie an Ihre Wahlfreiheit erinnert.

Die zwei Wölfe

Häuptling Großer Bär, ein weiser alter Indianer, sitzt mit seinem kleinen Enkel Kleiner Bär abends am Lagerfeuer. Die Nacht ist hereingebrochen, und das heimelig lodernde Feuer wärmt die beiden. Am weiten Himmelszelt funkeln die Sterne. Nach einer Weile des Schweigens erhebt Großer Bär seine sanfte Stimme und spricht: «Weißt du, Kleiner Bär, im Leben ist es oft so, als würden zwei Kräfte miteinander ringen. Und auch ich habe das Gefühl, als würden zwei Wölfe in meiner Brust miteinander kämpfen.»

«Huch, Großvater, das ist ja schrecklich! Aber, … was sind das denn für Wölfe?»

«Mmh, Kleiner Bär, der eine Wolf ist ungeduldig. Er ist ständig auf dem Sprung und will loslaufen. Er kann nichts mit sich anfangen. Er möchte immer etwas tun und glaubt, dass er etwas leisten muss, um Anerkennung zu bekommen. Er wittert förmlich, was andere von ihm erwarten, und will aller Welt zeigen, wozu er fähig ist. Dafür tut er alles. Dabei verbiegt er sich manchmal so sehr, dass ihm der Rücken weh tut. Er kämpft bis zum Umfallen, passt sich an die Erwartungen der anderen an, und fühlt sich abends leer und erschöpft.»

«Aber Großvater, das klingt ja grausam. Was ist denn mit dem anderen Wolf?»

«Der ist sanftmütig, liebevoll und mitfühlend. Er kann warten und weiß, wie kraftvoll Ruhe sein kann. Er denkt erst nach, bevor er handelt. Dann spürt er sich selbst, atmet ruhig und prüft, in welcher Stimmung er gerade ist. Er versucht herauszufinden, was ihm wirklich wichtig ist und was sich gut anfühlt. Im Laufe der Jahre hat er gelernt, seinem Gefühl zu vertrauen und vorwiegend Dinge zu tun, die auch ihm selbst gefallen. Er weiß, wer er ist, was er kann und wohin er sich noch entwickeln möchte. Das hilft ihm dabei, seine nächsten Schritte mit Bedacht zu wählen.»

«Großvater, das habe ich jetzt verstanden. Aber du hast gesagt, die beiden Wölfe kämpfen in deiner Brust. Welcher von den beiden gewinnt denn den Kampf?»

Der Große Bär schweigt lange und blickt dann seinem wissbegierigen Enkel tief in die Augen. Mit sanfter Stimme antwortet er ihm: «Kleiner Bär, es gewinnt immer der Wolf, den du gerade fütterst!»

Gesundheitsfördernd scheitern

Die Frage, welchen Wolf man gewohnheitsmäßig füttert, hat viel mit der individuellen Lebensgeschichte zu tun. Menschen, die Überzeugungen in sich tragen wie «Ich muss besser sein», «Ich kann alles bekommen, wenn ich will» oder «Es wird eine Katastrophe geben», können innerlich nicht zur Ruhe kommen. Aber selbst in einer Krise kann man durchaus «gesundheitswirksam scheitern», indem man überhöhte und unangemessene Erwartungen loslässt, Selbstvorwürfe stoppt und zu sich selbst findet. Dem, der sich geduldig ein vertieftes Verständnis seiner Krise erarbeitet, eröffnen sich Entwicklungschancen! Menschen, die immer angetrieben wurden, sich nicht zufrieden zu geben, werden zu Getriebenen. Ein junger Rechtsanwalt berichtet:

«Ich wurde nie in Ruhe gelassen, ständig galt es, mich zu optimieren, mehr aus mir herauszuholen. Eine Zwei im Zeugnis genügte nicht. ‹Warum ist es keine Eins geworden?›, musste ich mir mehr

*als einmal anhören. Ich war immer auf dem Sprung, nie zufrie-
den und oft nervös.»*

Die Ungeduld und Leistungsansprüche der Eltern verstärkten den
inneren Druck. Vor diesem Hintergrund wird deutlich, was der Me-
diziner Gerhard Uhlenbruck meinte, als er prägnant formulierte,
wodurch sich wirkliche Gelassenheit bilden kann.

> *Ein in Ruhe gelassener Mensch wird
> in Ruhe ein gelassener Mensch*

Mir drängt sich zuweilen der Eindruck auf, dass viele gelassen sein
wollen. Doch kaum jemand ist bereit, dafür auch etwas zu unterlas-
sen oder sein zu lassen. Um Gelassenheit zu entwickeln, muss man
alte Vorstellungen davon, wie etwas zu sein hat, loslassen. Insbesondere in Krisen bedeutet ein Scheitern immer auch Desillusionierung.
Wer dachte, er könne nur die Sonnenseiten des Lebens genießen,
wird erkennen, dass auch Verlust und Trauer dazugehören. Wer
meinte, es allen recht machen zu können, wird einsehen, dass dies
gar nicht möglich ist. Da kann ein Schritt zurück den erforderlichen
Abstand bringen, um dann gestärkt nach vorn zu gehen.

Tempolimit für die Seele

Fassen wir noch einmal zusammen: Die meisten Menschen streben
schnelle Veränderungen an. Das ist nachvollziehbar, denn wer ver-
bringt schon gern Wochen im emotionalen Sumpf? Andererseits kann
hektisches Strampeln einen Menschen noch tiefer ins Unwohlsein hi-
neinziehen. Meiner Beobachtung nach vollziehen sich Reifungsschritte
in den meisten Fällen nach dem Prinzip «Zwei Schritte vor, einer zurück». Gerade wenn es emotional und gedanklich viel zu verarbeiten
gibt, ist es ist wie bei der Nahrungsaufnahme: Hat man zu viel in sich
hineingestopft, braucht man Zeit und Ruhe, um die Speisen zu ver-
dauen. Mit Informationen und Gefühlen ist es nicht anders.

Neurologen haben herausgefunden, dass unser Gehirn in Zeiten der Untätigkeit und des Abschweifens eine Selbstinspektion in Gang setzt. Im Offline-Modus organisiert es die Netzwerke aus Nervenzellen neu, ordnet das Gelernte und verarbeitet die Tageseindrücke. Diese nach innen gerichtete Aktivität ist äußerst wertvoll, denn in diesen Mußestunden bilden sich neue Strukturen, das Erlebte kann sich «setzen». Zugleich regeneriert sich das von zahlreichen Telefonaten, Gesprächen und Informationen überladene Denkorgan. Langsamkeit fördert den späteren Fortschritt.

Übertragen auf unser Gefühlsleben bedeutet dies, dass wir einen Resonanzraum brauchen, in dem unsere Erfahrungen «nachschwingen» können: Denn die Seele braucht Zeit, um mitzukommen. Diese alte Weisheit der Hopi-Indianer scheint sich immer wieder zu bestätigen. Beschleunigung ist der falsche Weg. Wer sein Leben auf der Überholspur einrichtet, übergeht sich selbst. Wir benötigen ein emotionales Tempolimit, und da kann die zuversichtliche und gelassene Botschaft des Schriftstellers Martin Walser den Weg weisen: «Dem Gehenden schiebt sich der Weg unter die Füße.»

Machen Sie sich also getrost auf den Weg, aber eilen Sie langsam! Wie Sie lernen können, mit schlechten Stimmungen und den darin verborgenen Bedürfnissen selbstbewusster umzugehen, zeigen Ihnen die folgenden 5 Schritte:

1. Schritt: Sich selbst ernst nehmen

Der wichtigste Schritt. Niemand wird Sie ernst nehmen, wenn Sie es nicht tun! Ihr Selbstwert-Konto wird enorm anwachsen, wenn Sie sich mit Achtsamkeit und Wertschätzung begegnen.

2. Schritt: Nein sagen ist ein Ja zu sich selbst

Sich abzugrenzen bedeutet, dem anderen eine Chance zu geben, Sie wirklich kennenzulernen. Ein deutlich formuliertes Nein ist für Ihr Wohlbefinden eine gute Investition, selbst wenn Sie es zu Beginn noch zögerlich aussprechen. Sie werden an dem Ja zu sich selbst wachsen. Ihre Ernte wird aus einem Anwachsen Ihrer Selbstachtung und Ihres Selbstbewusstseins bestehen. Und ganz praktisch darin, dass sich die Wahrscheinlichkeit erhöht, dass Sie das bekommen, was Sie brauchen oder wollen!

3. Schritt: Den Radiergummi in der Tasche lassen

Stimmen wie «Das ist doch nicht so wichtig», «Andere machen es doch auch so», «Das nimmt eh keiner ernst» kommen auf die Ersatzbank, denn diese entwerten die Tatsache, dass Sie ein normales und menschliches Bedürfnis haben. Radieren Sie Ihre «kleinen Alltagsanliegen» bis hin zu Ihren tiefen Sehnsüchten – und damit einen Teil Ihrer Persönlichkeit – nicht aus!

4. Schritt: Den guten Geist in sich wachrufen

Wenn Sie (noch) unsicher sind, orientieren Sie sich an geeigneten Vorbildern. Das kann ein Mensch sein, der sich nichts gefallen lässt, eine prominente Persönlichkeit, die in der Öffentlichkeit selbstbewusst zu ihren Bedürfnissen steht, oder die Vorstellung einer haltgebenden Bezugsperson, die Ihnen Mut zuspricht und Sie darin unterstützt, gut für sich zu sorgen.

Oma Agnes

Eine Kursteilnehmerin erzählte:

> *«Bei mir war es meine Oma Agnes, sie hat immer an mich geglaubt. Wenn ich mich schlecht fühle, merke ich, dass ich vergessen habe, an mich selbst zu denken. Dann fällt sie mir ein. Sie hat mir vermittelt, dass die Welt ein guter Ort ist und dass es wichtig ist, zu sagen, was man möchte. Auf ihrem Schoß war die Welt in Ordnung.»*

Sollten Sie eine «spirituelle Ader» haben, gefällt Ihnen vielleicht die Vorstellung, sich an Ihre «Höhere Macht», Gott, einen Schutzengel oder einen inneren Begleiter zu wenden. Diese geistige Verbindung kann Ihnen dann Schutz bieten und Kraft spenden.

5. Schritt: Mut-Anfälle riskieren

«Versuch macht kluch!», heißt die Devise. Probieren Sie neues Verhalten aus, experimentieren Sie und sammeln Sie dadurch Erfahrungen. Sie können jeden Tag dafür nutzen, etwas für Ihr emotionales Wachstum, Ihren Selbstwert und eine neue, an Ihren Bedürfnissen und Zielen orientierte Identität zu tun. Üben Sie beispielsweise, eine aufrechte Körperhaltung einzunehmen, Ihre Stimme bewusst kräftiger, bestimmter oder gar lauter werden zu lassen, und formulieren Sie auch kleine Ärger rechtzeitig.

Üben übt!

Und: Reservieren Sie sich täglich einige Minuten zum Nachdenken über die Momente, in denen Sie für sich eingetreten sind. Würdigen Sie auch unscheinbare und kleine Erfolge. Versuchen Sie gerade in den schwierigen Situationen oder wenn etwas schiefgelaufen ist, herauszufinden, was Sie «trotz allem» geschafft haben. Dann können Sie aus Ihrer Quelle der Selbstwertschätzung schöpfen. Und, ganz wichtig – geben Sie sich eine kleine Streicheleinheit für Ihren Mut, etwas Neues ausprobiert zu haben, und zwar unabhängig davon, ob schon der «volle Erfolg» eingetreten ist. Klopfen Sie sich selbst auf die Schulter, umarmen Sie sich liebevoll oder gönnen Sie sich eine Kleinigkeit.

Die Schule des Lebens bietet Ihnen viele Chancen zum Üben. Einige Philosophen meinen, das ganze Leben bestehe eigentlich nur aus Übungssituationen, die man mehr oder weniger gut meistern kann. Sie sind also auf einem guten Weg! Mit einer guten Portion Geduld ausgestattet, können Sie sich nun frohgemut an das letzte Kapitel wagen.

IX. Ich lache lieber freiwillig
Wie Sie täglich üben können, selbstbestimmt zufriedener zu sein

Unser «eigentliches Ich» und das, was wir für wesentlich erachten, unterliegen dem Wandel. Es wird durch Reflektion, Lebenserfahrung und Selbstbesinnung «upgedatet». Dies geschieht insbesondere in den großen Wandlungsphasen des Lebens. Doch auch im Kleinen, im Alltag des Lebens, prüfen wir von Zeit zu Zeit, ob sich unsere Arbeit, unsere Beziehungen und unser Freundeskreis noch mit unseren Vorstellungen decken.

Entrümpeln Sie!

Eine neue Identität, die den ganzen Reichtum der Gefühle wertschätzt, ist wie ein Umzug in ein neues Haus. Man entrümpelt, was man nicht mehr braucht, richtet sich neu ein, und es braucht Zeit, bis man sich darin ganz zu Hause fühlt. Ich möchte Ihnen einen Handwerkskoffer mit auf den Weg geben. So können Sie selbstbestimmt ein Werkzeug herausgreifen, den Umgang mit Ihren unbequemen Gefühlslagen souveräner gestalten und an Ihrer Authentizität «werkeln». Um Sie für die «Umbauarbeiten» vorzubereiten, möchte ich daran erinnern: Unsere Vorstellung von dem, was uns ausmacht, ist wie ein Puzzle, das wir von Zeit zu Zeit neu zusammensetzen – mit dem Ergebnis, dass ein neues Bild entsteht.

Ich stimme für mich!

Fangen wir gleich damit an! Ich möchte Sie mit einem Selbstbegriff vertraut machen, der sich an der Zeitachse von Vergangenheit, Gegenwart und Zukunft orientiert. Diese Einteilung ist uns vertraut: So war ich – so bin ich – so will ich werden. Zunächst ein Beispiel:

Eva Werbinski ist Team- und Fachbereichsleiterin in einer sozialen Einrichtung. Ihr ist das Lachen vergangen, weil sie von einigen Kollegen offen angefeindet wird. Das ist neu für sie, denn mit ihrem Charme und ihrer Höflichkeit hat sie es weit gebracht. Allerdings hat ihr Hang, Konflikte zu vermeiden, ihr auch Probleme beschert. Mitarbeiter bekamen den Eindruck, dass sie sich nicht genug für ihre Belange einsetzt und gegenüber ihrer Klientel zu nachgiebig ist. In dieser für sie ungewohnten Situation muss und will sie nun neue Kompetenzen erwerben:

> *«Ich will mein Image verändern und lernen, unbequem zu sein, aber das macht mir Angst. Ein unsozialer Rambo will ich nicht werden!»*

Gemeinsam machen wir eine Bestandsaufnahme und prüfen Eva Werbinskis bisherige Selbstdefinition.

Das frühere Selbst: die nette Eva

Da Eva Werbinksi sich verändern und ihr «altes Ich» hinter sich lassen möchte, benutze ich bewusst den Begriff des «früheren Selbst». Ich schlage vor, dieses alte Selbstbild in der Vergangenheitsform zu beschreiben, selbst wenn es noch in die Gegenwart hineinwirkt. Dieser kleine Trick unterstützt ihre Veränderungsbemühungen, weil er nahelegt, dass es der Vergangenheit angehören könnte und verändert werden kann.

So war ich

Sie formuliert ihr früheres Selbst:

> *«Ich hielt mich für hilfsbereit, moralisch integer, anständig und höflich. Ich war aufmerksam zu anderen, aber leider nicht mir selbst gegenüber. Ich ließ viel mit mir machen und wurde da-*

durch zum Opfer und Spielball. Ich war eine Dulderin, jemand,
der die Dinge aussitzen wollte. Dabei blieb ich viel zu lange
hinter dem Gebüsch, ohne mich zu zeigen. Das sollte mich schüt-
zen, aber jetzt merke ich, dass es mich angreifbar machte.
Ich antwortete nie direkt auf Fragen, hielt mir immer ein Hin-
tertürchen offen. Ich war wie diese eklige grüne Glibbermasse,
dieser Spielzeugschleim, mit dem ich als Kind gern gespielt habe.
Ich hatte einfach Angst, nicht gemocht zu werden, wenn ich mal
Kontra gebe. Meine Nachgiebigkeit kommt mir jetzt wie ein Ver-
such vor, mich zu schützen, dabei engt sie mich wie ein Korsett
ein und nimmt mir den Atem.»

Sie können an diesen Schilderungen ablesen, wie unwohl sich Eva
Werbinski fühlt. Sie nimmt dieses Unbehagen ernst, weil sie weiß,
dass darin ein wertvoller Veränderungsimpuls schlummert.

Das aktuelle Selbst: die suchende Eva

Die Frage «Was sagen mir meine schlechten Gefühle?» hilft ihr dabei, sich auf die Suche nach neuen Möglichkeiten zu begeben. Sie
möchte sich verändern, weil ihr etwas fehlt. Hat man die Identität
des «Suchenden» angenommen, ist es vollkommen normal, dass sich
neben dem progressiven Teil, der vorankommen möchte, eine kon-
servative Stimme meldet, die vehement darauf hinweist, dass nicht
alles schlecht gewesen sein kann. Es gibt immer etwas zu bewahren.

So bin ich

«Ich möchte auch in Zukunft hilfsbereit und freundlich sein.
Aber ich habe begriffen, dass das nicht mehr ausreicht. Jetzt bin
ich auf der Suche und muss wohl lernen, Ecken und Kanten zu
zeigen. Aber ich bin auch ein Angsthase, denn ich bin es einfach
nicht gewohnt, Meinungsverschiedenheiten auszutragen.»

Wie Sie sehen, sind Hilfsbereitschaft und Freundlichkeit zwei wichtige Werte, die in ihrem neuen Selbstbild unbedingt erhalten bleiben

sollen. Der «Angsthase» ist geblieben und weist darauf hin, dass sie das Neuland der Konfliktaustragung und Selbstbehauptung betreten muss. Ein Schritt auf unbekanntes Terrain ist immer mit einer gewissen Verunsicherung verbunden, jedenfalls so lange, bis einem die neuen Fähigkeiten vertraut geworden sind.

Das mögliche Selbst: die klare Eva

In diesem Entwurf geht es darum, scheinbare Gegensätze miteinander zu verbinden. Eine typische Denkfalle besteht darin zu glauben, man müsse eine gute Eigenschaft opfern, um eine andere gute zu entwickeln: «Es ist doch unfreundlich, jemandem die Meinung zu sagen.» Ein klassischer Denkfehler, dem Pippi Langstrumpf und Sokrates sofort mit einer naiven Frage begegnen würden: «Wieso? Kannst du nicht freundlich deine Meinung sagen?» – «Ja, wieso eigentlich nicht?!»

So will ich werden

«Bislang habe ich unter Meinungsverschiedenheiten eine Art Gemetzel verstanden, bei dem es Sieger und Verlierer gibt. Aber das muss ja nicht so sein. Letzten Endes geht es doch darum, Ansichten auszutauschen und darüber zu diskutieren, welcher Weg für unsere Einrichtung und unsere Klientel der beste ist. Ich habe zu große Angst davor, mich persönlich angegriffen zu fühlen, obwohl ‹nur› meine Vorschläge diskutiert und anders bewertet werden. Ich denke, ich kann lernen, meine Person und meine Rolle voneinander zu trennen. Ich will klarer werden und diskussionsfreudiger. Allerdings will ich mich bei unfairen Attacken wehren. Ich sage dann einfach, dass ich das unter der Gürtellinie finde, und bestehe darauf, in einem sachlichen Ton weiterzureden. So könnte es gehen.»

Update des Selbstbildes

Eva Werbinski hat ihr mögliches Selbst definiert: hilfsbereit und klar, freundlich und bestimmt, abgegrenzt und sachlich. Ist Ihnen aufgefallen, dass die Eigenschaften, mit denen sie ihr neues Selbst beschreibt, wie Zwillinge gut miteinander harmonieren?

Jetzt sind Sie dran: Konkretisieren Sie Ihre drei Selbste und betrachten Sie diese Übung als ein Spiel mit Ihren Identitäten. Das macht es leichter.

Zeichnen Sie drei große Rechtecke oder Kreise auf einen Zeichenblock. Geben Sie jedem der drei Selbste eine griffige Überschrift, und dann notieren Sie in jedes Feld die dazugehörigen Eigenschaften und Verhaltensweisen. Überlegen Sie nicht zu lange, sondern nehmen Sie die Bezeichnungen, die Ihnen spontan in den Sinn kommen. Damit verfügen Sie über einen ersten Entwurf, wohin die Reise gehen soll.

Eine Niederlassung für schlechte Gefühle

Gefällt Ihnen der Gedanke, vor Reiseantritt unnötiges Gepäck loswerden zu können? Dann werden Ihnen die folgenden Überlegungen weiterhelfen.

Aus der Erfahrung mit Menschen, die ich in schwierigen Lebenslagen begleitet habe, weiß ich, dass es nicht immer möglich ist, schmerzhafte Gefühle auszuhalten oder mit Humor zu nehmen, wie es vielleicht ein Komiker kann. Zuweilen ist es einfach zu viel verlangt, einer schmerzhaften Trauer, einem Ohnmachtsgefühl oder einer tiefsitzenden Kränkung nachzuspüren. Das ist äußerst verständlich. In diesen Fällen sollten Sie sich diesen Gefühlen nicht weiter aussetzen, sondern alles dafür tun, eine sichere Distanz aufzubauen oder die problematischen Emotionen für eine Weile ganz beiseite zu legen. Es ist, als würden Sie eine «bad bank» für alle belastenden Gefühle eröffnen. Die folgende Anregung geht auf eine Übung der Psychotherapeutin Michaela Huber zurück, die sie «vorübergehend Lasten ablegen» nennt. Ich habe sie leicht abgewandelt.

Bevor Sie mit dieser Imaginationsübung beginnen, begeben Sie sich an einen ruhigen und geschützten Ort. Machen Sie es sich dort bequem, so dass Sie ungestört vor sich hinträumen können.

Stellen Sie sich nun Ihre problematischen Gefühle wie Steine in einem Rucksack vor. Vermutlich ist es nicht angenehm, diesen Ballast jeden Abend mit nach Hause zu schleppen. Vergegenwärtigen Sie sich, was im Augenblick Ihr unangenehmstes Gefühl ist. Möglicherweise hängt es mit einem Problem zusammen, das Sie im Moment noch nicht lösen können. Prüfen Sie, ob Sie das belastende Gefühl ganz oder teilweise gern für eine Weile loswerden möchten.

Wenn es so ist, erlauben Sie sich den angenehmen Tagtraum, dass es auf dem Nachhauseweg links und rechts des Weges Behältnisse gibt, die nur Sie erkennen. Dort können Sie Ihren Kummer deponieren. Das Depot kann ein Schatzkästchen, eine Truhe, ein Safe oder ein anderes Versteck sein, das nur Ihnen bekannt ist. Wenn Sie es zulassen, wird Ihre Phantasie Ihnen dabei helfen, das Passende zu finden. Möglicherweise fällt Ihnen ein Symbol ein, das das quälende Gefühl repräsentiert. Deponieren Sie Ihr Problemgefühl dann sicher an diesem Ort.

Gibt es noch weitere belastende Gefühle, die in Ihrem Rucksack zu schwer geworden sind? Falls ja, können Sie sich auf dem Weg nach weiteren Depots umsehen und dort genau so viel «Gefühlsgepäck» ablegen, wie Ihnen richtig erscheint.

Eine kleine Portion Eifersucht

Eine junge Studentin quälte sich in einer neuen Beziehung mit großen Verlustängsten, nachdem sie in der vorausgegangenen Partnerschaft von ihrem Freund betrogen worden war. Sie berichtet:

> «Ich habe meine übertriebene Eifersucht weggepackt. Es tat überraschend gut, sie mal loszusein. Eine kleine Portion habe ich aber behalten, damit ich nicht zu sicher werde. Etwas Vorsicht kann nicht schaden.»

Ziehen Sie bei dieser Übung in Betracht, dass Sie zu einem späteren Zeitpunkt, wenn Sie ausgeruht und wieder bei Kräften sind, sich den schwierigen Gefühlen mit mehr Zuversicht widmen können. Es könnte außerdem sein, dass Sie in der Zwischenzeit durch neue Erfahrungen gelernt haben, anders mit den Problemgefühlen umzugehen. Schließen Sie es zumindest nicht aus und ziehen Sie außerdem in Erwägung, dass sich manche Dinge im Laufe der Zeit von selbst erledigen.

Ein wichtiger Dreiklang

Im dritten Kapitel haben Sie bereits den Gedanken-TÜV kennengelernt. Nun möchte ich Ihnen eine weitere Methode vorstellen, mit der Sie schnell überprüfen können, ob Ihr Denken in konstruktiven Bahnen verläuft. Es geht um den Dreiklang von Denken–Fühlen–Handeln: Mit ihm lässt sich wunderbar improvisieren. Das schult die Selbstwahrnehmung und hilft dabei, einen ersten Schritt zur Klärung diffuser Gefühlszustände herbeizuführen. Sie können an einer beliebigen Stelle in einen kreisförmigen Frageprozess einsteigen. Im Verlauf dieser Übung tauchen häufig neue Erkenntnisse über charakteristische Denk- und Fühlmuster auf. Nehmen Sie als Ausgangspunkt eine für Sie relevante Situation, einen Gedanken, ein typisches Gefühl, eine Wahrnehmung oder eine Verhaltensweise. Fügen Sie dann in die Leerstellen das Passende ein und seien Sie neugierig auf das, was Ihnen einfällt.

Improvisieren

Stellen Sie sich wiederkehrend folgende Fragen:

> «... wenn ich wahrnehme, dass ..., dann denke ich ..., dann fühle ich ..., und wenn ich das fühle, ...dann würde ich am liebsten ..., und dann denke ich ..., und dann fühle ich ..., und dann tue ich ..., und dann denke ich ..., und das macht mich ..., und dann denke ich, ... und dann tue ich ...»

Hier die beispielhafte Mini-Version einer jungen Auszubildenden, die unter ihrem geringen Selbstwertgefühl leidet:

«Wenn ich wahrnehme, dass du dich nicht mit mir verabreden willst, dann denke ich, dass ich dir nichts bedeute und nichts wert bin (Denken). Dann werde ich traurig (Fühlen). Wenn ich traurig bin, möchte ich mich am liebsten verkriechen (Handeln). Wenn ich das tue, fühle ich mich einsam. Wenn ich mich einsam fühle (Fühlen), denke ich, die ganze Welt ist gegen mich (Denken). Dann würde ich am liebsten sterben. Wenn ich das denke, erschrecke ich und denke, das kann ja nicht die Lösung sein. Dann spüre ich eine Kraft in mir und denke darüber nach, was ich tun kann (Handeln). Dann fühle ich mich besser und rufe eine Freundin an.»

Wie Sie an diesem Beispiel erkennen, führt die Improvisation dazu, dass man Zusammenhänge besser erkennt und vor allem die Konsequenzen seines Denkens, Fühlens und Handelns deutlich werden. Über welche Situation möchten Sie nun improvisieren? Fangen Sie gleich an!

Sei dein bester Freund!

Für unser Wohlbefinden ist es von großer Bedeutung, zwischen Denken und Fühlen zu unterscheiden. Sie können das anhand eines einfachen Experiments überprüfen: Welches Gefühl stellt sich ein, wenn Sie denken: «Ich bin ein Versager»? Und nun zum Vergleich eine Variation dieses Gedankens: «Es gibt Lebensbereiche, in denen ich nicht den Erfolg habe, den ich mir wünsche, und andere, in denen es sehr wohl so ist.» – Was fühlen Sie nun?

Für unterwegs hier die Kurzfassung des Gedanken-TÜV, sozusagen das kleine Abc für den Notfall. A steht für die aktuelle oder auslösende Situation, b für Ihre subjektive Bewertung, sprich Ihre

Gedanken und c für die daraus resultierenden Konsequenzen (engl. *consequences*).

Das kleine Gedanken-Abc

Sonja Hinnerk hat finanzielle Probleme, und ein Freund will ihr beistehen. Sie übt das kleine Abc:

> A: «*Ein Freund bietet mir Geld und Hilfe an.*»
> B. «*Ich denke: Das sind Almosen!*»
> C: «*Ich fühle mich schlecht und verloren. Mein Selbstbild: Ich bin ein Nichts, ziemlich runtergekommen.*»

Nun kann Sonja Hinnerk überprüfen, ob ihre subjektive Bewertung dazu beiträgt, sich besser zu fühlen. Schnell erkennt sie, dass das Gegenteil der Fall ist. Wie könnte sie denken, um die negativen Konsequenzen für ihre Stimmung und ihr Selbstbild zu mildern? Sie sagt: «Ich könnte denken ...»

> B: «*... das ist ein Freundschaftsdienst. Das stimmt ja auch!*»
> C: «*Der mag mich! Mein Selbstbild? – Ich bin liebenswert.*»

Ein großer Unterschied, oder?

Jammern, aber richtig!

Aus Erfahrung weiß ich, dass dunkle Stimmungen manchmal etwas mehr Raum brauchen. Wenn Ihre Sorgen einmal übermächtig werden sollten, ist es hilfreich, ein Ritual zu entwickeln. Dadurch respektieren Sie die Seite in Ihnen, die versucht, mit einem Problem fertig zu werden. Gleichzeitig dokumentieren Sie aber auch, dass Sie sorgenfreie Zeiten brauchen, die unbeschwert verlaufen.

1. Legen Sie eine «Sorgenzeit» fest. Reservieren Sie beispielsweise regelmäßig zwanzig Minuten für Ihre Sorgen, am besten sogar eine festgelegte Uhrzeit, die in Ihren Tagesablauf passt. Günstig ist es, dafür einen Ort in der Wohnung aufzusuchen, der nur für diesen Zweck bestimmt ist, wie etwa der Sorgenstuhl. Die dunklen Wolken des Grübelns haben somit einen festen Platz, an dem sie auftauchen dürfen.

2. Analysieren Sie Ihre Sorgen. Denselben Denkapparat, mit dem Sie sich Sorgen machen, können Sie auch dazu benutzen, Ihre Sorgen im Zaum zu halten. Schaffen Sie sich ein Tagebuch an und notieren Sie Ihre Gedanken detailliert auf einem Blatt Papier.

«Heut mach ich mir kein Abendbrot,
heut mach ich mir Gedanken»

Machen Sie sich wie der Kabarettist Wolfgang Neuss statt ein Abendbrot Gedanken.

a. Worüber genau mache ich mir Sorgen?
b. Was sind die Verhaltensweisen, die mir erwiesenermaßen nicht gut tun?
c. Welche Denkmuster machen mir das Leben schwer?
d. Was möchte ich erreichen? Wo will ich hin?
e. Worin besteht der erste Schritt, um dieses Ziel zu erreichen?

3. Teilen Sie Ihre Sorgen anderen mit. Machen Sie aus Ihrem Herzen keine Mördergrube. Sorgen sind in der Regel Selbstgespräche, in denen sich die Besorgnismühle weiterdreht: «Ich habe gegrübelt und mich dabei selbst verheddert», beschrieb es eine Klientin. Da hilft die Außenperspektive eines anderen – geeigneten – Menschen. Das Adjektiv «geeignet» mag in Ihren Ohren etwas hart klingen. Lassen Sie mich dazu Folgendes erläutern. Klagen und Jammern sind wichtige Schutzschilder, sie sind sogar ein wichtiger Bestandteil eines guten Sorgenmanagements! Allerdings sollten Sie einige Fehler vermeiden, um unerwünschte Nebenwirkungen auszuschließen. Wie das Wort «sorgen» schon

sagt, geht es darum, gut für sich zu sorgen – gerade dann, wenn einem zum Heulen zumute ist. Doch nicht jeder Freund ist in der Lage, wohlwollend zuzuhören, ohne seinen eigenen Senf dazuzugeben. Freundinnen und Freunde, die es nicht aushalten, Ihrem Klagen Raum zu geben, sind nicht geeignet.

Zeitfenster für Molltöne

Hier meine Empfehlungen:

1. Wählen Sie mit Bedacht eine Person aus, der Sie vertrauen. Überlegen Sie vorher, wer Ihre Klagen richtig einschätzen und ertragen kann. Es mag ungewöhnlich klingen, aber zum Schutz dieser wertvollen Vertrauensbeziehung empfehle ich Ihnen, eine bewusste Vereinbarung zu treffen.

2. Werden Sie sichtbar und melden Sie Ihren Wunsch offen an. Wenn Sie jammern möchten, verbergen Sie diesen Wunsch nicht. Das Bedürfnis zu klagen, sich auszuweinen oder auf Ungerechtigkeiten zu schimpfen, ist vollkommen in Ordnung. Fragen Sie, ob es gerade passt, wann es passt und wie viel Zeit Sie miteinander haben.

   «Hallo Verena, hier ist Bärbel. Mir geht es nicht gut. Es hat sich einiges angestaut, und ich würde gern mal ablästern und mich sortieren. Hast du Zeit für mich?»

3. Versuchen Sie nicht, andere davon zu überzeugen, dass Ihre Probleme schlimmer sind als die Probleme anderer Menschen. Wenn Sie im Selbstmitleid baden möchten, ist das in Ordnung. Ihrem Gesprächspartner fällt es jedoch leichter, das zu tolerieren, wenn Sie vorher darauf hingewiesen haben, dass Sie genau das wollen – und ihn gefragt haben, ob Sie ihm das zumuten dürfen.

4. Klagen Sie nicht ständig über dasselbe Problem, denn es besteht die Gefahr, dass selbst die beste Freundin nach einer Weile überfordert ist. Wer keine Konsequenzen aus seinen Klagen zieht, kann irgendwann auf Ablehnung stoßen. Der wohlmeinende

Helfer ist dann gekränkt, weil er insgeheim doch hofft, durch seine Hilfsbereitschaft zu einer Verbesserung Ihrer Lage beitragen zu können.

5. Es ist darüber hinaus eine gute Übung, sich selbst zu fragen, was sich trotz der anhaltenden Probleme verändert hat. Dies verhindert, dass sich in Ihrem Selbstbild (und im Fremdbild der Freunde) der Gedanke breitmacht, Sie seien ein «hoffnungsloser Fall». Die Wahrnehmung der intakten Lebensbereiche fördert das Bewusstsein für die eigenen Fähigkeiten, die «trotz allem» erhalten geblieben sind. Eine gute Schule der Selbstdisziplin.

Ein musikalisches Gefühlsbad

Mittlerweile haben Sie gelernt, dass Sie sich vor Ihren trüben Stimmungen nicht fürchten müssen. Wenn Sie Ihre Fühl-Kompetenz noch weiter ausbauen möchten, denken Sie einmal darüber nach, sich zu Ihrer Lieblingsmusik ein «Gefühlsbad» zu gönnen. Achten Sie lediglich darauf, eine Musik auszuwählen, die Sie in der jeweiligen Stimmung als beruhigend erleben. Ein junger Assistenzarzt, der unter einer Trennung leidet, hat die Erfahrung gemacht, dass die Musik dann «zu ihm spricht»:

«Wenn es mir schlecht geht, höre ich das Largo aus dem Trompetenkonzert in D-Moll von Händel. Für mich das schönste Trompetenkonzert aller Zeiten. Es beschreibt für mich einen regnerischen Herbsttag, und ich bin in eine warme Decke eingehüllt und brauche nicht nachzudenken, der offene Schluss gibt keinen Anlass zum Grübeln. Ich kann einfach in meiner Traurigkeit verweilen und sie auskosten. Mir fällt der Spruch ein: Traurigkeit ist das Atemholen der Freude.»

Leiden für Genießer

«Wenn ihr schon leidet, dann genießt es wenigstens!», meinen die Sufis, ein Orden islamischer Mystiker. Es geht ihnen um das konstruktive Schlechtgehen und nicht um eine krankhafte Regression, bei der man auf der Kleinkindstufe verharrt. Doch selbst das darf kurzzeitig vorkommen. Wenn Sie sich mal fühlen wie ein Säugling, eine Dreijährige oder ein Teenie, keine Sorge. Häufig liegt es daran, dass Sie auf dieser Entwicklungsstufe etwas nachzuholen haben. Ihre Selbstregulierungskräfte versuchen dann, Ihnen bei der Nachreifung zu helfen. Geraten Sie ruhig mal aus dem Takt und erlauben Sie sich im geschützten Rahmen eine kleine Zeitreise. «Depressive an die Macht!», könnte man in Abwandlung eines Hits von Herbert Grönemeyer singen. Diese Parole ist durchaus ernst gemeint, denn sie bedeutet, dem Leid eine Stimme und Existenzberechtigung zu geben. Sie wissen ja nun, dass sich hinter jedem Leid ein unerfülltes Bedürfnis verbirgt, das anerkannt werden möchte. Und Sie haben in diesem Buch bereits gelernt, dass Schwarzmaler die Risiken besser erkennen. Kosten Sie die Klaviatur Ihres Unbehagens also hemmungslos aus. Doch wie kann das gehen? Ich empfehle Ihnen, auf dem Sorgenstuhl Platz zu nehmen.

Der Sorgenstuhl

Diese Übung ist eine der wichtigsten, um Zugang zu den Botschaften einer Missstimmung zu bekommen:

Wenn Sie sich in einer trüben Stimmung befinden, setzen Sie Ihr schlechtes Gefühl auf einen Stuhl und schlüpfen Sie in die Rolle Ihres Unbehagens. So, als würden Sie diesem Teil von sich wie einer realen Person einen Platz anbieten, auf dem er sich aussprechen kann. Dann identifizieren Sie sich mit ihm. So wie ein Schauspieler sich in eine andere Figur hineinversetzt, ein Frosch sich im Märchen in einen Prinzen verwandelt oder ein Schamane die Seele eines Ahnen sprechen lässt. Was würde das Gefühl sagen, wenn es sprechen könnte? Hier das Beispiel einer jungen Referendarin:

Geben Sie Ihrem Gefühl eine Überschrift

1. Ich fühle mich in der Situation/in der Gegenwart von … wie …
   «In der Gegenwart von Bertram komme ich mir vor wie ein dummes Schulmädchen.»

Und dann begründen Sie Ihr Gefühl.

2. Ich fühle mich so, weil …
   «Ich fühle mich so, weil er etwas Bevormundendes und Besserwis-serisches hat. Aber auch, weil er mich nicht ausreden lässt, so, als wären meine Gedanken Blödsinn.»

Wichtig ist, dass Sie die Formulierung wohlwollend abschließen. Fü-gen Sie zu Übungszwecken gleich die formelhafte Ergänzung hinzu:

3. … und ich gehe davon aus, dass meine Gefühle vollkommen in Ordnung sind und einen Sinn haben, auch wenn ich meine Empfindungen noch nicht vollständig verstehe!

   «Ich gehe davon aus, dass meine Gefühle berechtigt sind. Es kann sein, dass ich mich so klein fühle, weil er mich an meinen Stief-vater erinnert. Der hat mich auch immer so herablassend behan-delt. Es kann aber auch sein, dass er mich wirklich nicht ernst nimmt. Ich werde mit ihm reden!»

Dadurch signalisieren Sie sich selbst, dass Sie bereit sind, sich die Botschaft Ihres emotionalen Erlebens erschließen zu wollen. Die Managementtrainerin Sabine Asgodom bringt es auf den Punkt: «Wenn ich zu mir stehe, richtet sich meine Seele auf.»

Obwohl

Genau das können Sie üben, indem Sie das unscheinbare Wort «ob-wohl» benutzen. In ihm ist offensichtlich ein Schlüssel zum «Wohl-befinden» enthalten, denn es enthält die wunderbare Endung «wohl». Möchten Sie das überprüfen? Es geht ganz einfach. Viele Menschen neigen dazu, sich für vermeintliche Fehler zu verurteilen. Insbeson-dere solche mit einem Hang zum Perfektionismus sind geradezu Meister darin, sich selbst fertig zu machen. Sie blasen bei kleinsten

Patzern zum Generalangriff auf die eigene Persönlichkeit, und ihr Wohlbefinden wandelt sich in ein grummelndes Donnerwetter der Selbstzerfleischung. Doch das muss nicht sein. Experimentieren Sie stattdessen mit dem Zauberwort «obwohl». Achten Sie dabei auf Ihr Erleben und Ihre Körperempfindungen. Einige Beispiele:

Obwohl ich heute im Meeting einen Blackout hatte, bin ich vollkommen okay.
Obwohl ich heute eine Rechnung falsch ausgestellt habe, bin ich vollkommen okay.
Obwohl ich die Abgabefrist für eine Bewerbung versäumt habe, bin ich vollkommen okay.

Und jetzt Sie:

Obwohl ich …

Diese einfache Übung ist ein äußerst wertvoller Übungsbaustein im Umgang mit «schlechten Gefühlen», die, wie Sie inzwischen gesehen haben, oft durch «selbstentwertende Gedanken» entstehen. Sie unterstützt Sie dabei, Einzahlungen auf Ihr Selbstwertkonto vorzunehmen.

Schöne Gefühle kommen zu Wort

Zur emotionalen Kompetenz und zum authentischen Erleben gehören selbstverständlich auch die angenehmen Gefühle. Ich spreche bewusst nicht mehr von positiven und negativen Gefühlen. Denn Sie wissen ja nun, dass auch in den schwierigen Gefühlen Kostbares zu entdecken ist. So kann es durchaus wohltuend sein, sich einer traurigen Stimmung hinzugeben und sich durch den Fluss der Tränen leichter zu fühlen. Oder eine melancholische Stimmung mit einer Prise Erotik zu vermischen, wie es beim Tango möglich ist.

Allerdings kommt es erfahrungsgemäß gar nicht so selten vor, dass Menschen sogar mit den angenehmen Gefühlen Probleme haben. Sie halten ihre Lust zurück und zeigen ihre Freude nicht. Sie wehren Liebesgefühle ab und zeigen sich nur von ihrer unsympathischen Seite. Sie negieren ihren Glauben oder vergessen, wie wichtig zärtliche Gefühle sind. Sie verleugnen ihre Sehnsucht oder nehmen, was sie kriegen können, ohne ein Gefühl für Dankbarkeit zu besitzen. Ich werfe mal meine hellseherischen Fähigkeiten in die Waagschale und behaupte: Sie kennen zumindest einen dieser Punkte aus eigener Erfahrung! Oder jemanden, bei dem das so ist. Habe ich recht?

1. Freude
Ich habe Spaß an dem, was ich tue und erlebe. Das tut mir gut. Ich kann mich gehen lassen und bin bereit, meine Grenzen zu erweitern.

2. Sympathie
Es gibt etwas, was ich an dir mag. Ich habe eine freundliche Grundstimmung dir gegenüber. Ich bin einer Sache oder Idee gegenüber wohlwollend eingestellt.

3. Liebesgefühle
Ich möchte verbindlich mit dir in Beziehung sein. Ich mag dich sehr und möchte mich auf dich einlassen.

4. Zärtliche Gefühle
Ich bin von deinem Wesen und deiner Verletzlichkeit berührt. Ich möchte dir Gutes tun, dich beschützen und sorgsam mit dir umgehen.

5. Sehnsucht
Mir fehlt etwas Wichtiges und ich hätte es gern. Ich will es suchen.

6. Lustgefühle und Begehren
Ich kann mich und die Situation genießen. Ich kann mich öffnen. Ich vertraue. Ich will dich.

7. Spirituelle Gefühle
Ich fühle mich mit etwas Größerem verbunden und habe Zugang zu einer höheren Macht und Bewusstseinsebene. Ein tieferes Wissen ist mir zugänglich geworden.

8. Dankbarkeit
Ich habe etwas bekommen und weiß es zu schätzen.

9. Hoffnung
Ich bin zuversichtlich, dass ich bekomme, was ich mir wünsche.

10. Sich cool fühlen
Ich fühle mich sicher und gelassen, weil ich mich durch eine gute innere Distanz schützen kann.

11. Stolz
Ich freue mich über das, was ich erreicht habe. Ich kann meinen Anteil am Erfolg würdigen.

Die Ampel ist grün, aber die Handbremse klemmt noch

Um herauszufinden, welche Denk- und Glaubensmuster bei den angenehmen Gefühlen wie eine angezogene Handbremse fungieren, möchte ich Sie ermuntern, auch da den Gedanken-TÜV zu machen. «Genuss-Verbote» gibt es nämlich reichlich. Hier eine kleine Auswahl:

Freu dich nicht zu früh.
Je höher man fliegt, umso tiefer fällt man.
Pass auf, dass du nicht abhebst.
Dir geht's wohl zu gut.
Tausend arme Waisenkinder würden Gott auf Knien danken, wenn sie so ein Essen hätten wie du. Also iss, was man dir vorsetzt.
Wenn man sich öffnet, wird man nur verletzt.
Sexualität ist schmutzig.
Lustgefühle machen willenlos.
Vertrau niemandem, außer dir selbst.
Religion ist Opium fürs Volk.
Dummheit und Stolz sind aus einem Holz

Haben Sie auch derartige Sprüche gelernt? Wie lauten Ihre Verbote? Ich empfehle Ihnen, sie auf die gedankliche Hebebühne zu hieven und kritisch zu überprüfen. Und dann – freie Fahrt!

Wohin soll die Reise gehen?

Nun wäre es allerdings klug, genau zu wissen, wohin Sie wollen. Stellen Sie sich vor, jemand ordert ein Taxi und der Fahrer fragt nach dem Reiseziel. Und der Fahrgast antwortet: «Ich will nicht nach Paris!» Der Fahrer erkundigt sich ein zweites Mal: «Und wohin soll es gehen?» Diesmal lautet die Antwortet: «Ich möchte auch nicht nach Madrid.» Nun schon etwas verärgert fragt der Fahrer erneut: «Okay, dahin nicht, sondern?» Genau das ist der Punkt, an dem viele Menschen steckenbleiben, wenn sie sich schlecht fühlen und nach Veränderungen streben. Sie wissen, was sie nicht mehr wollen, aber ihnen fehlt eine klare Zielvorstellung. Erst wenn klar ist, wohin die Reise gehen soll, kann man alle Kräfte bündeln und sein Veränderungsticket buchen. Der Taxifahrer hat das Zauberwort benutzt, das auch Ihnen weiterhilft. Es heißt: sondern?

Damit es Ihnen nicht so geht wie Mark Twain – «Als wir das Ziel aus den Augen verloren hatten, verdoppelten wir unsere Anstrengungen, es zu erreichen» –, können Sie nun üben, Ihre Ziele zu formulieren.

Sondern?

Schreiben Sie im ersten Schritt alles auf, was Sie im Moment nicht mehr wollen! Beginnen Sie jeden Satz mit «Ich will nicht mehr ...» und beenden Sie ihn mit einem Komma.

Sonnenstuhl

Dann nehmen Sie auf dem Sonnenstuhl Platz, um sich ganz Ihren Wünschen hingeben zu können. Machen Sie es sich bequem und träumen Sie ein wenig vor sich hin. Dann lesen Sie jeden Satz noch einmal durch, fügen das Zauberwort «sondern» hinzu und notieren alles, was Ihnen einfällt. Einige Beispiele:

«Ich will nicht mehr klein beigeben, sondern ... zu mir stehen.»
«Ich will meinen Ärger nicht mehr runterschlucken, sondern ...
ihn ausdrücken.»
«Ich will nicht mehr jammern, sondern ... einfordern, was mir
zusteht.»

Der Sprung ins warme Wasser

Nun kann es sein, dass Sie etwas unruhig werden, weil es ernst wird. Gerade in Situationen, in denen man früher leicht zu verunsichern war, kann es helfen, sich nicht nur ein gewünschtes Verhalten vor Augen zu führen, sondern sorgfältig zu erfassen, wie man sich in der Situation fühlen möchte. Das ist so, als würden Sie das Wasser ein wenig anwärmen, bevor Sie den Sprung ins Unbekannte wagen. Verweilen Sie also noch ein wenig auf dem Sonnenstuhl.

Zielgefühl

Malen Sie sich aus, wie Sie sich in einer Problemsituation fühlen möchten. Stellen Sie sich beispielsweise vor, es geht darum einen Vortrag zu halten, der bislang eher «mulmige» Gefühle hervorgerufen hat. Überlegen Sie dann ganz genau, wie Sie sich stattdessen fühlen möchten. Nutzen Sie dazu differenzierte Gefühlsbeschreibungen und bildhafte Vergleiche. Und jetzt definieren Sie Ihr Zielgefühl:

> *«Ich möchte mich gelassen fühlen, wie morgens am Frühstückstisch.»*
> *«Ich möchte mich wohlig und beschwingt fühlen.»*
> *«Ich möchte heiter sein, gelöst wie beim Tanzen».*

Das ist eine gute Grundlage, um einen Schritt weiterzugehen und sich zu fragen: Was kann ich konkret tun, damit sich dieses angenehme Gefühl einstellt?

> *«Ich kann mich gut vorbereiten und mir vorher überlegen, wie ich auf kritische Fragen antworten will.»*
> *«Ich kann mich vorher mit meiner Lieblingsmusik einstimmen, mich bequem hinstellen und tief durchatmen.»*
> *«Ich kann mir eine kleine Pointe für den Einstieg überlegen, die mir Sicherheit gibt und die Zuhörer auflockert.»*

Ein Nein ist ein Ja

Ich möchte Sie an das Modell der reflektierten Authentizität erinnern: Sie bestimmen das Maß Ihrer Selbstoffenbarung! Schützen Sie

Ihre Intimsphäre und machen Sie die Fenster zu Ihrem Gefühlsleben nur so weit auf, wie Sie es im Einklang mit den Erfordernissen Ihrer Rolle, der Situation und den Menschen, mit denen Sie es zu tun haben, als stimmig empfinden. Die Skala reicht von ganz offen und persönlich bis hin zu distanziert und verschlossen. Ein Nein bedeutet ein Ja zu sich selbst. Wo Sie den Regler auf der Authentizitätsskala positionieren, entscheiden Sie! Denn was richtig und was falsch ist, können Sie letztlich nur selbst herausfinden. Dass dies nicht immer leicht ist, zeigt die folgende Erzählung:

Der Alte und der Esel

In der glühenden Mittagshitze zogen ein Vater, sein kleiner Sohn und ein Esel durch die staubigen Gassen einer Stadt. Der Vater saß auf dem Esel, während der Junge daneben herging. Da sagte ein Vorübergehender: «Der arme Junge. Seine kurzen Beine können mit dem Tempo des Esels kaum mithalten. Wie kann ein Vater so faul auf dem Esel sitzen, während das kleine Kind vom Laufen ganz müde wird.» Der Vater beherzigte diese Worte und setzte den Jungen auf den Esel.

Bald darauf kam ein anderer Mann vorbei und rief: «So eine Unverschämtheit. Der kleine Bengel sitzt wie ein Sultan auf dem Esel, während sein armer, alter Vater nebenherläuft.» Dies schmerzte den Jungen, der daraufhin den Vater bat, sich hinter ihn auf den Esel zu setzen.

An der nächsten Ecke rief eine Frau entrüstet aus: «Hat man so etwas schon gesehen? So eine Tierquälerei! Der Rücken des armen Esels hängt völlig durch, und der alte und der junge Nichtsnutz ruhen sich auf ihm aus, als wäre die arme Kreatur ein Diwan!» Daraufhin stiegen Vater und Sohn wortlos vom Esel ab.

Einige Schritte weiter machte sich ein anderer Passant über sie lustig: «So dumm möchte ich nicht sein. Wozu führt ihr denn den Esel spazieren, wenn er nichts leistet, euch keinen Nutzen bringt und nicht einmal einen von euch trägt?»

Schließlich sagte der Vater zu seinem Sohn: «Gleichgültig, was wir machen, es findet sich immer jemand, der damit nicht einverstanden ist. Ich glaube, wir müssen selbst wissen, was wir für richtig halten.»

Parfüm für die Seele

Nachdem Sie so viel Innenschau betrieben haben, sind Sie nun womöglich «kampflos glücklich», wie es eine Kursteilnehmerin nannte, die sich zuvor jahrelang in erbitterten Selbstvorwürfen aufgerieben hatte. Sie haben sich eine Belohnung verdient! Wäre es nicht eine himmlische Vorstellung, über einen Duft zu verfügen, der Sie zuverlässig vor Entwertungen und Angriffen der Gefühlsterroristen schützt? Den Sie wie ein Eau de Toilette oder Aftershave nur kurz aufsprühen müssten, um jederzeit ganz bei sich selbst bleiben zu können? Ein Gefühlsparfüm, das Sie lediglich dezent auftragen, um selbst den dunkelsten Stimmungen noch ihre frohe Botschaft zu entlocken? Ich mache einen Vorschlag, wie es zusammengesetzt sein könnte:

Die Kopfnote
Gefühle und schlechte Stimmungen halten wertvolle Botschaften für mich bereit. Mit Überlegung und freundlicher Achtsamkeit kann ich sie entschlüsseln. Ich weiß, dass nicht alle in der Lage sind, meine Gefühle und Wünsche ernst zu nehmen. Deswegen nehme ich sie ernst und achte sie. Meinen Verstand setze ich bewusst ein, um mich zu schützen und meine Bedürfnisse angemessen zu vertreten.

Die Herznote
Ich entscheide selbst, wem ich mich mit meinen Empfindungen anvertraue. Gefühle gehören in meine persönliche Schatzkammer, und diesen Reichtum teile ich nur mit Menschen, denen ich vertraue.

Die Basisnote

Ich bin vollkommen okay. Meine Gefühle gehören zu mir. Sie machen mich lebendig. Wenn es mir nicht gut geht, weiß ich, dass ich ein wichtiges Bedürfnis übersehen habe oder jemand mir nicht gerecht geworden ist.

Ich hab ein zärtliches Gefühl

Das ist mein Entwurf, aber ich bin sicher, dass Sie nun über genug eigene Essenzen verfügen, mit denen Sie Ihr ganz persönliches Wohlfühlparfüm kreieren können. Trauen Sie ruhig der eigenen Nase. Wenn Ihr Gefühlsparfüm betörend duftet, haben Sie es richtig gemacht. Dann bildet sich im Lauf der Zeit wie von allein ein «fast zärtliches Gefühl für mich selbst», wie es eine vierzigjährige Verlagsangestellte erfahren hat. Wie lautet Ihre Rezeptur?

Nie war ich so wertvoll wie heute

In Ihrem Werkzeugkoffer haben Sie nun zahlreiche Hilfsmittel und sogar Ihre individuelle Duftnote untergebracht. Sie sind für den Weg zu mehr Selbstbestimmung und Authentizität gut gerüstet und wissen, dass Ihnen Gegenwind dabei hilft, noch mehr zu sich zu stehen. Zum Ausklang dieses Buches möchte ich Sie daran erinnern, dass das Leben einem Spiral-Curriculum gleicht. Die Lektionen folgen nicht gut geordnet nacheinander. Manche Aufgaben muss man sogar mehrfach bewältigen, bis man begriffen hat, wo es langgeht. Da ist es hilfreich, dafür Sorge zu tragen, dass sich die gewünschten Veränderungen im Laufe der Zeit zuverlässiger einstellen. Schließen Sie eine Vereinbarung mit sich selbst und hören Sie auf, gute Laune vorzutäuschen, wenn Ihnen nicht danach ist. Eine erfahrene Frau meinte, dies sei dasselbe wie einen Orgasmus vorzutäuschen: «Ungeheuer anstrengend und unbefriedigend.» Wenn es Ihnen schlecht geht, machen Sie es sich lieber leichter. Verurteilen Sie sich nicht dafür und sehen Sie es nicht als persönliches Versagen. Geben Sie statt einer Unfähigkeitserklärung besser eine Unabhängigkeitserklärung ab, indem Sie sich von den Erwartungen anderer frei machen und sich den Gedanken erlauben: «Es ist alles richtig so!» Die folgenden drei Botschaften können Ihnen dabei helfen.

Meine Unabhängigkeitserklärung
1. Ich bin auch anders.
2. Ich darf anders sein.
3. Ich bin, wie ich bin, und ich fühle, was ich fühle.

Wahre Kraft macht keinen Lärm, sie ist still und wirkt, heißt es. Indem Sie zu all Ihren Empfindungen – den unangenehmen wie den schönen – stehen, entwickeln Sie Rückgrat und zeigen Charakter. Das ist eine gute Investition in Ihre Lebensfreude, die als Rendite Selbstachtung, seelische Gesundheit und Respekt abwirft. Mit Fug und Recht können Sie dann sagen: Nie war ich so wertvoll wie heute!

Qualitätskontrolle

Ganz zum Schluss will ich Ihnen noch verraten, woran Sie erkennen können, dass Sie auf dem richtigen Weg zu sich selbst sind. Die Qualitätskontrolle ist ganz einfach: Beobachten Sie die Reaktionen Ihrer Umgebung! Irritierende Bemerkungen sind die Kennziffern Ihres Erfolgs und zeigen, dass Sie mit Ihren Belangen sichtbar geworden sind:

«So kenne ich dich ja gar nicht!»
«Das hast du doch sonst immer gemacht.»
«Mein Gott, du stellst dich aber an.»

Auch positives Feedback signalisiert, dass Sie richtig liegen:

«Ich freu mich, dich so selbstbewusst zu erleben!»
«Jetzt, mit Ecken und Kanten, gefällst du mir noch besser!»

«Es berührt mich, dich so offen und verletzlich zu erleben. Das bringt mich dir näher!»

Und, last but not least: Wenn Sie sich mit Ihren Gefühlen und Bedürfnissen zeigen, ist es sehr wahrscheinlich, dass Sie abends zufrieden ins Bett gehen, Ihre Sinnlichkeit und Sexualität neu genießen und die Arbeit wieder Freude macht, weil Sie als Mensch darin wieder vorkommen!

Bisherige Veröffentlichungen von Thomas Prünte:

Der Anti-Stress-Vertrag. Ihr Weg zu mehr Gelassenheit und Lebens-freude. Ueberreuter Verlag: Wien 2003.
ISBN 3-8000-3907-9

Das Gefühlsklavier. Vom stimmigen Umgang mit unseren Emotionen. dgvt-Verlag: Tübingen 2009.
ISBN 978-3-87159-093-1

Hörbuch: Das Gefühlsklavier. HörGut!-Verlag: Hamburg 2010.
ISBN 978-3-9823035-0

Weitere Informationen:

thomas-pruente.de
Kontakt: info@thomas-pruente.de